好妈妈不吼不叫

养育女孩

王彩虹◎编著

民主与建设出版社
·北京·

© 民主与建设出版社，2019

图书在版编目（CIP）数据

好妈妈不吼不叫养育女孩/王彩虹编著．—北京：
民主与建设出版社，2019.9（2021.4 重印）
ISBN 978－7－5139－2605－8

Ⅰ．①好… Ⅱ．①王… Ⅲ．①女性－家庭教育 Ⅳ．①G78

中国版本图书馆 CIP 数据核字（2019）第 176627 号

好妈妈不吼不叫养育女孩

HAO MAMA BUHOU BUJIAO YANGYU NÜHAI

编　　著	王彩虹
责任编辑	王　倩
封面设计	周　飞
出版发行	民主与建设出版社有限责任公司
电　　话	（010）59417747 59419778
社　　址	北京市海淀区西三环中路 10 号望海楼 E 座 7 层
邮　　编	100142
印　　刷	三河市华晨印务有限公司
版　　次	2019 年 9 月第 1 版
印　　次	2021 年 4 月第 2 次印刷
开　　本	880 毫米×1230 毫米　1/32
印　　张	5
字　　数	100 千字
书　　号	ISBN 978－7－5139－2605－8
定　　价	35.00 元

注：如有印、装质量问题，请与出版社联系。

前言

女孩子有什么特点呢？对于这个问题，古老的童谣中给出了这样的答案："女孩子是用糖、香料以及各种美好的东西做成的。"

与那些喜欢"耍刀弄枪"的男孩子相比，女孩子喜欢可爱的娃娃、漂亮头花、好闻的香水等一切美好的东西。她们安静，喜欢合作，懂得体谅父母，因为她们善良、稳重，不喜欢冒险和争斗，也不会像男孩子那样把家里弄得乱七八糟。

有鉴于此，很多人认为女孩子比男孩子更好养育。其实，这种认识是片面的，因为女孩子也有让家长犯难的时候：当女孩因为妈妈不能陪她睡觉而哭泣时，当女孩认为妈妈更爱爸爸不那么爱自己而感到难过时，当女孩听到妈妈说了句"我不要你了"而惊恐万分时，当女孩莫名其妙地沉默和闷闷不乐时，妈妈一定会不由地发出感慨："女儿真是太难养育了！"

曾有不少妈妈这样说："我的女儿情绪变化太快了，时而开心地笑，时而默默地伤心，真是让我捉摸不透。"其实，妈妈们之所以这样说，是因为她们没有洞悉女孩的心理，没有了解女孩子的特点，没有把握女孩成长的规律。

作为女孩的母亲，如果你不了解女孩的心理、特点、成长规律，就很难把她培养成健康快乐活泼可爱的小淑女。因为不了解，所以很难注意到女孩身上的细节。看不到细节，就难以及时针对女孩出现的问题给予指导和教育，也就很难帮助孩子形成良好的品质、养成良好的习惯。

法国教育家卢梭曾经说过："人生当中最危险的一段时间是从出生到 12 岁。在这段时间中还不采取摧毁种种错误和恶习的手段的话，它们就会发芽滋长，及至后来采取手段去改的时候，它们已经扎下了深根，以致永远也把它们拔不掉了。"

女孩的成长过程，犹如花朵慢慢绽放的过程。当女孩已经结束小学学习生活，迈向中学的学习生活时，女孩已经结束了儿童期，开始奔向青春期。很多事实证明，女孩具有极强的可塑性。如果妈妈及时给女孩种下独立、善良、贤淑、随和、稳重等积极的"种子"，指导女孩形成好的人生品质和做人做事的好习惯，那么就很容易把女孩培养成优秀的人才。

本书从女孩的气质、品德、独立性、兴趣、交际等方面逐步展开，为家有女孩的妈妈总结了养育女孩的诸多妙招，并给妈妈们提出了切实可行的建议。可以帮你更好地了解女孩，解决教育女孩时的困惑，帮助你有针对性地从细节着手，培养女孩的好品质、好习惯。相信本书会对你培养一个优秀的女儿有很大的帮助。

目录

第一章　良好的修养，培养出气质女孩

有人说，世界上没有丑女孩，只有没气质的女孩。这句话真的非常有道理，气质对女孩而言，比长相更重要。看看有些女孩：身材并非完美，长相也有瑕疵，身高还有不足，但是她们比那些长相漂亮、身材完美的女孩更有魅力，更能吸引人的注意，更容易受到别人的欢迎，这就是因为她们由内而外散发出与众不同的气质。

第二章　既要善良，也要有点锋芒

一个人的发展和成功，需要多方面的因素，智商固然重要，情商更关键。在情商里，人的内在品质与修养，关系到这个人的为人处事原则，关系到他的人格形象。努力将女儿培养成品德高尚的善良之人，关系到她将来能否顺利融入社会，能否成为一个受人欢迎、对社会有贡献的人。

第三章　文明礼貌，女孩应有的教养

当一个牙牙学语的女孩说出"谢谢奶奶"时，奶奶笑了，妈妈也笑了；当一个刚入园的女孩子说"老师，早上好"时，老师笑了，妈妈也笑了。她们之所以笑，是因为从孩子的礼貌和修养感到宽慰，因为她们知道"3 岁看大，7 岁看老"，一个知书达理的女孩会成为一个受人欢迎、讨人喜欢的人。

第四章　学会放手，让女孩学会独立自主

自卑的女孩总是看不起自己，感觉处处不如别人，"我不行""我没希望""我会失败"等话总是挂在嘴边。这样一来，她们就不敢尝试，难以独立，遇到困难和挫折，也就难以坚强地面对。因此，妈妈在女儿小的时候，应该鼓励她逐步自信坚强起来，从而成为一个真正独立的人。

第五章　兴趣是多才多艺的动力

兴趣是最好的老师，让孩子拥有自己真正感兴趣的事情，对于她来说是一件幸运的事情。兴趣是学习和做事的动力，一个兴趣广泛的女孩，才能成为一个优秀的多面手，才能充满学习的热情和进取的动力，最终成为一个渊博而高雅的人。

第六章　你的圈子，就是你的未来

和谐的人际关系是一个人最大的资本。培养女孩的交往能力，她才能在今后与人打交道的过程中表现得游刃有余，从而拥有良好的人缘，才能受到他人的欢迎，这样她才会生活得快乐。

第七章　孩子，你是在为自己读书

在这个男女平等的现代社会，学识、才气是一个优秀女孩必备的素质。作为一个有着明智思想的妈妈，应该努力把女儿培养成一个知识丰富的人，帮助孩子积累不同方面的知识。

第八章　真正的教育在家庭

每个妈妈都希望自己的女儿智力超群，希望自己的女儿是最优秀的。于是，很多妈妈很早就教孩子认字、算术、书法、钢琴、小提琴等。其实，这些教育增强的不是孩子的智力，而只是一些知识和技能。真正的智力开发应该是激励加启发加引导，使孩子变得越来越聪明。

第九章　生活如此复杂，你要内心强大

一位作家说："谁不爱心态平和的人，谁不爱心若止水的生命?"的确，对于一个女孩来说，可以不聪明，可以不美丽，但是心态不能不淡定、行为不能不稳重。心态平和的女孩才会显露温柔的特征，行为稳重的女孩才能不被利诱。因此，无论如何，妈妈都应该培养女儿淡定的心态和稳重的品行。

第十章　把时间当朋友，不要输给了时间管理

人们常说："快鱼吃慢鱼，效率就是生命。"做任何事情都应该注重效率，不应该拖拖拉拉。在保证效率的同时，注重质量，才能把事情办得近乎完美。如今是个竞争激烈的社会，妈妈应该给女孩灌输时间观念、效率观念，把她培养成一个办事利索的高效女孩。

第一章

良好的修养，培养出气质女孩

有人说，世界上没有丑女孩，只有没气质的女孩。这句话真的非常有道理，气质对女孩而言，比长相更重要。看看有些女孩：身材并非完美，长相也有瑕疵，身高还有不足，但是她们比那些长相漂亮、身材完美的女孩更有魅力，更能吸引人的注意，更容易受到别人的欢迎，这就是因为她们由内而外散发出与众不同的气质。

富养女孩，你做对了吗？

在这个世界上，没有丑女孩，只有没气质的女孩。一个没有气质的女孩，即使长得再漂亮，也谈不上有魅力。我们顶多说她漂亮，但漂亮与美丽是两码事。相反，一个长相一般，却有着出众气质的女孩，就很容易从众人中脱颖而出。因此，培养女孩的气质尤为重要。

近年来，很多妈妈对"男孩穷着养，女孩富着养"的理论深信不疑。她们坚信，让女儿从小过奢华的生活，比如吃山珍海味、穿名牌服装、弹钢琴、练舞蹈等，把女儿培养成小公主，那么女儿长大后就会有气质，就会有出息。

其实，妈妈们片面理解了富。富实质并不只代表物质生活上的富有，它更意味着妈妈要赋予孩子自信、自强、乐观等可贵的精神力量。要知道，物质生活上的充裕很可能娇惯出一个任性、奢靡、经不起任何打击的柔弱女孩，这样的女孩谈何气质呢？相反，即使家庭经济能力差一些，但父母注重培养女孩的内在品质，注重增长女孩的见识，注重培养女孩良好的习惯，那么就很容易将女孩培养成一个有气质的人。

张女士的家庭经济条件一直不太好，看着自己可爱聪慧的女儿穿不上漂亮的衣服，没有更多的玩具，她也曾经暗自惭愧。她深知自己的家庭条件与富裕家庭没法比，于是她就暗自发誓，一定要把女儿培养成一个真正的小淑女，让她具有与众不同的品质与气质。

穿着上，张女士不能给女儿买高档时装，但她编织的手艺很好。因此，她利用闲暇时间，给女孩编织得体的衣物。虽然它不昂贵，但穿在女儿的身上，却博得了众人的美慕。女儿对这些"时尚而不庸俗"的服装感到自豪，同时也对妈妈充满感激。

日常习惯上，张女士对女儿要求严格。为了让女儿养成讲卫生、干净整洁的习惯，张女士制定了这样一条家规：宁可不吃饭，也要保持房间、穿着整洁！

为了增强女儿的知识修养，张女士带着女儿一同去图书馆，办了一张借书卡。每个月她都会陪女儿一同去图书馆一两次。

……

在张女士的精心教育下，女儿从小学到初中，无论是在学习方面，还是其他各方面的表现上，一直受到各位老师的好评，也是同学们眼中的榜样，更成为左邻右舍交口称赞的小淑女。

看了张女士培养女儿的故事，您有何感想呢？还坚持认为富养女儿就是让女儿吃好的、穿好的吗？如果你想让女儿有高贵的气质、有高雅的品位，那么请要注意：与其让女儿吃山珍海味，不如让女儿懂得礼貌节俭；与其让女儿穿高档服装，不如让女儿养成仪表整洁的习惯；与其通过让女儿过奢华的生活来提高品位，不如让女儿拥有一个聪慧的头脑……

育女真经

第1招：富养，首先要让女孩拥有自信

自信关系到女孩对生活的认识，对学习的态度，对自身的看法。当然，也关系到她的气质的形成。坚定的眼神、果敢的行为、从容的谈吐，这些都是自信的表现，也恰是高贵气质的基础。在日常生活中，妈妈要让女儿学会抬头挺胸地走路，给人一种卓然自立的感觉。

第2招：富养不仅指物质，更是精神

富养并非指女孩的一切物质需求都要满足，而是让女孩博览群书、增长见识。休息时，多带女孩旅行，正如"读万卷书，不如行万里路"。

第3招：富养不看外表，而是注重内在

妈妈想要富养女孩，就不能只让女儿装饰外表，而要注重女儿内涵的培养。女孩的富贵气质，是需要经过长时间的学习才能练就的，是由内而外散发出的一种个人魅力。

把女孩培养成举止优雅的人

举止优雅，会为女孩增添几分高贵的形象，这也是一个有气质的女孩所必须具备的特质。妈妈应该明白，一个嘻嘻哈哈、喜欢动手动脚的女孩可以称得上活泼，但是称不上有气质。

塞攀尔·斯迈尔斯曾说过："友善的言行、得体的举止、优雅的风度，这些都是走进他人心灵的通行证。"的确，无论时代如何变迁，人们对美丽和气质的看法依然难以改变：一个举止优雅的女孩，走到哪里都会给人留下好感。

一天，向女士正在家中看书。突然，传来一阵急促而重重的敲门声，铁门发出巨大的响声，仿佛发生了什么危急的事情。向女士被吓了一大跳，急忙跑去开门，原来是女儿婷婷忘记带钥匙了。只因这么小的事情，婷婷就做出这么粗鲁的行为，着实让向女士大为吃惊和感叹。她曾多次跟婷婷说过，要她注意自己的行为举止，要斯文一点，可婷婷就是听不进去。

举止优雅不仅赋予了女孩柔性、大气、得体之美，更为女孩成长为小淑女奠定了最强有力的基础。在现实生活中，像婷婷这样性格外向的女孩子还有很多，给父母带来了众多关于举止优雅教育的挑战。在培养她们举止优雅时，父母一定要选择正确的方法。

珠珠妈妈很注重对女儿进行优雅教育。她知道，要想孩子成为一个优雅的人，自己必须首先成为一个优雅的母亲。因此，珠珠的妈妈在生活当中很注意自己的言谈举止。她说话时，语气平和，节奏舒缓，珠珠妈妈身边的人都觉得听她说话就是一种享受；珠珠妈妈走路的时候挺胸抬头，看上去很有精神头儿。妈妈的一举一动珠珠都看在眼里，时间长了，她的举止和妈妈竟是出奇的相似。除了以身作则外，珠珠妈妈还经常给女儿讲一些女名人举止优雅的故事。在妈妈的正确教导下，珠珠成了一个举止优雅的孩子。

育女真经

第1招：培养女儿优雅的坐姿

坐是日常生活中最常用的姿态，因此，端庄、优雅、舒适的坐姿对女性很重要。如果两腿分得很开或翘起"二郎腿"，就显得粗俗不雅，没有风度。入座时应缓慢而文雅，轻松而自然地落坐在椅子的3/4处。若着裙装，应用手将裙子拢一下，不要坐下后再整理衣服。坐下后两腿应当自然屈伸，双腿并拢，两脚并列或前后稍稍分开。两手要自然放在膝上或支撑在椅子扶手上，掌心朝下。

第2招：培养女儿优雅的站姿

站姿是生活中静态的动作，站立的姿势如何，将直接关系到女儿的形象问题。正确的站立姿势应该是身体自然而立，挺胸收腹，腰和头颈伸直，头抬起，两肩平衡，重心在两脚掌上。在站姿中，最重要的是胸和腰，胸一挺，腰一直，人就显得精神了。

第3招：培养女儿优雅的步姿

优雅轻盈的步态是女孩气质高雅、温柔端庄的一种风韵。在步姿中，让女儿保持正确的行走姿势应是上体保持站立时姿态，头部要端正，不宜抬得过高，目光平和，直视前方，上身自然挺直收腹，两臂自然而协调地摆动，但要注意前后摆动的幅度要小一点。两腿迈步自然、轻柔、飘逸、轻盈、匀称，两腿并拢。走路时膝盖正对前方，两脚微向外展，落地时脚尖先落地，双脚几乎踏在同一条直线上，显示出女性端庄、文静、温柔、优雅的窈窕美，给人一种轻、灵、巧的美感。

干净整洁是女孩的"明信片"

在这个丰富多彩的社会，每个女孩子的生活与个性都应当富有格调，一个富有格调的女孩子才会有气质。这样才能使女孩子在竞争中不失本色，傲立群芳。而气质美的最直接方式就是文明礼仪、仪容仪表的培养。

这一堂课，好妈妈一定不能忘。

日本著名的保险推销专家原一平曾经说过："端庄的仪表与整洁的服饰就是最好的推荐信。"因为端庄的仪表和整洁的服饰能增添一个人的气质，而有了气质，也就更有魅力，更容易让人接受。因此，让女孩子养成注重仪容仪表的习惯，对培养女孩子的气质和形象有着重要的意义。

旅美是一个不注重穿着打扮的女孩子，她留着短短的板寸头，混迹于男孩子中间，还时不时冒出一句粗话。她对此没觉得有什么不妥，因为她的妈妈也不喜欢打扮。妈妈从来没有为旅美的服装操心过，只要能穿上身就可以了。这并非因为妈妈没有能力给旅美买漂亮衣服，而是因为她认为一个女孩子过于专注服饰，就容易变得虚浮。

可是，12岁那年，一个男同学的话一下子刺痛了旅美的心。那天，旅美像往常一样和男同学们嬉闹，一个男生没好气地说了句："你怎么没有一点儿女生的样子呢？瞧你穿的衣服，男不男女不女的！"

旅美一下子跌入了冰窖之中……

对于一个女孩子来说，美好的气质最为直接的体现是仪容仪表，包括长相、穿着打扮、言行举止。尽管我们不提倡把孩子打扮得花枝招展，不希望女孩子过分重视自己的穿着打扮，但不等于不让她打扮，不等于不培养她的审美能力。

育女真经

第1招：让女孩注重仪容仪表的修饰

仪容仪表的整洁对女孩来说非常重要，妈妈应对女孩做出如下几点要求：要把脸、脖子、手都洗得干干净净；勤剪指甲勤洗头；早晚刷牙，饭后漱口，注意口腔卫生；经常洗澡，保证身体没有异味；衣着要干净、整洁、合体。

第2招：让女孩穿得体的服装

关注自己的仪容仪表，特别是重视服饰和打扮，是一个有自我意识的女孩子很自然会去做的事情。在这一点上，女孩往往容易与父母尤其是母亲产生冲突。比如，女孩可能会有怪异的服饰爱好，而且每天都在变。对此，做妈妈的要提醒孩子：装饰得体就好，没必要过分地修饰自己的外表。

第3招：向孩子强调服装卫生的重要性

有的女孩子不经妈妈的提醒，就不知道主动换衣服。在天气较热时，一连几天都穿一件衣服，这样对身体健康是不利的。特别是长期穿被汗水浸湿的内衣，既容易感冒，也对皮肤不好。孩子的衣服要勤洗、勤晒。

内在美才是真正的魅力

"以瘦为美"是人们的审美标准之一，瘦成为一种时尚，而且愈演愈烈。许多原本不胖的女孩子受到这种观念的影响，也陷入了减肥的误区，她们为了变"瘦"而节食。对此，妈妈应引起重视。

现在年轻的女孩常把"瘦"当成美和气质的标准。然而，这样做对身体的伤害非常大，因为青少年正是长身体的时候，如果盲目地"以瘦为美"，节食减肥，就会影响身体的正常发育。所以，做妈妈的要及时纠正女孩"以瘦为美"的观念。

一个星期六的傍晚，10 岁的女儿从学校回来了，一进门就哭着对妈妈说："妈妈，同学说我胖得像冬瓜，我要减肥……"可是，女儿根本就不胖啊，身高150 厘米的她体重还不到90 斤，妈妈还觉得她瘦呢！

于是，妈妈跟女儿聊了老半天，费尽了口舌总算是劝住了女儿要减肥的念头。可是，事后妈妈却发现女儿居然偷偷喝自己的减肥茶。殊不知，妈妈减肥也是出于无奈，因为她体重达到了140 多斤，难看不说，自己是做医务工作的，也知道肥胖对身体不好，这才想方设法减肥。没想到并不胖的女儿也要减肥，而且怎么说她都不听，非要减肥不可。有一天，女儿居然宣布晚饭以吃苹果代替，说这样能减肥。

从那以后，女儿真的不再吃晚饭了。妈妈惊异于她这么小竟有这么大的毅力。为了让她能吃晚饭，妈妈每天提前回家，总是在她放学前将饭端在桌子上，想让她进门闻见味就想吃。可是，妈妈的苦心没有奏效，无论多么香的美餐，女儿都当作没看见，进门就直奔苹果箱，连吃四个大苹果，肚子也就不饿了……

受成人的影响，很多女孩子为了保持苗条的身材，有意无意开始节食。殊不知，长期盲目节食会造成营养不良，影响女孩的正常生长发育，从而导致少女乳房发育停滞、月经姗姗来迟，并出现焦虑、抑郁和注意力不集中等情况，严重的还会产生厌食症。所以，妈妈应该教育孩子不能盲目节食，告诉女孩真正的美源自于自身的内在美，外在的溢美之词并不能成为美的本质。任何事物既不会因人们的夸赞而变得美好，也不会因为人们的贬低而变得更坏。

育女真经

第 1 招：妈妈减肥注意不要盲目跟风

成年人适当减肥对身体健康有利，但是青少年正处于身体发育阶段，盲目节食减肥，容易造成严重的后果。那样做不仅会造成营养不良、身体虚弱，甚至影响学习状态，使学习成绩下滑等不良后果。所以，妈妈应当以孩子的身体健康为重，不要盲目地把社会上流行的减肥风带回家里。想减肥的话，也要从饮食健康方面着眼，在饮食结构上改善，而不是盲目节食、吃药。

第 2 招：端正女孩的审美观

妈妈应当告诉女孩盲目地减肥会导致营养不良，而营养不良会严重影响她的身体健康。比如，营养不良有可能导致月经失调、影响发育、个子长不高等不良后果，这样也就不美了，更不会有气质。还要告诉女孩，如果太瘦的话，就没有曲线，也会失去风韵的身姿。

第 3 招：为女孩树立健康的审美观

妈妈应当及时纠正女孩"以瘦为美"的观念，对女孩进行心理调节，让女孩树立以健康为美、以自然为美、以聪明才智为美、以正直和善良为美的审美观。同时，在培养其仪态、礼节等方面着重加以引导，让女孩用自信的眼光欣赏自己的个性美。

艺术气息让女孩变得更优雅

良好的艺术修养不仅是女孩魅力的象征，也是塑造女孩气质的一种重要手段，还可以提高女孩的专注力、自信心、观察力和记忆力。因此，做妈妈的要重视培养女儿的艺术修养。

艺术修养并不是孩子天生的，需要后天学习和培养。孩子身上潜在的艺术才能是极其丰富宝贵的，要远远超过成人的估计。或许她们的一些作品在你看来有些可笑，但在她们眼中却是伟大的创作。因此，妈妈应该重视孩子的创作。

琴琴很喜欢画画，只要有时间她便拿出画笔画个不停。有时候，琴琴画两条交织的线说是小鸟的翅膀，有时候她画两个大圆圈说是爸爸和妈妈的脑袋，有时候她画几条乱糟糟的波浪线说是大海……

不管琴琴画得怎么样，每次只要琴琴把画拿到妈妈前面，妈妈总是微笑着说琴琴有想法，画得有个性。在妈妈的表扬下，琴琴绘画的兴趣越来越浓，还在学校组织的绘画比赛中获得优胜奖。

最让妈妈感到高兴的是，琴琴通过绘画修炼了身心，学会了用心观察，也有机会接触到不同的人，人际交往能力得到锻炼，成为一个很有亲和力，很受人欢迎的女孩子。

培养孩子的艺术修养，让孩子在艺术的熏陶下变得富有灵气和才气，艺术能够对孩子的言行举止、行为习惯、谈吐及心态等方面产生积极的影响，能把一个调皮捣蛋的女孩子熏陶成一个知书达理、优雅脱俗的气质女孩。而且越早让女孩接触艺术，对女孩的气质培养越有利。

育女真经

第1招：让女孩在温婉的乐曲中接受熏陶

在音乐氛围中成长的女孩子，能深切感受并理解其优美、崇高的情感特征，会随着节拍和旋律的变化，任想象力充分发展。音乐对女孩的潜能具有强烈的激发作用，通过音乐的熏陶，女孩子的想象力能得到启发，她们甚至能联想到许多闻所未闻、见所未见的事物。

第2招：带女孩在绘画的天堂里徜徉

美术是一种造型艺术。美术作品色彩协调、线条清晰、形象生动，既有助于锻炼孩子的视觉，又能够发展孩子的观察力和艺术想象力。一些简单的绘画、泥工、手工、纸工、制作玩具等和美术有关的技能，都可以培养孩子对美术的兴趣，并激发她们的美术创造能力。

第3招：无论培养何种艺术气质都应尊重孩子的选择

艺术不仅包括音乐、绘画，还包括书法、文学、舞蹈等，想让孩子接受艺术熏陶时，妈妈应该本着尊重孩子的原则，让孩子笑着感受各种艺术。只有这样，孩子才会自然而然地走近艺术、爱上艺术，受到艺术的积极影响。

微笑＋乐观＋活泼＝灵动的气质

有的女孩子充满灵气，她们头脑聪慧、手脚敏捷，既热情大方，又乐观活泼，让人不由自主地想去呵护她，想去了解她。因此，作为母亲，要努力把自己的女儿培养成这样具有灵动气质的人。

一个具有灵动气质的女孩具备哪些特点呢？细细观察，你会发现她们爱笑、自信、乐观、活泼、懂礼貌。如果你能让女儿具备这些特点，那么孩子自然会慢慢变得富有气质。

曹女士有个活泼可爱的女儿，她有一双又大又圆的眼睛，一头乌黑的头发。在女儿3岁半的时候，有一天，曹女士带着女儿去儿童娱乐中心玩，刚到那里正巧遇到了同事郑女士带着儿子在那里闲逛。

曹女士蹲下身子，对女儿说："乖乖，你看，那是妈妈的好朋友，你要不要过去跟她打招呼、问好呢？我想她一定会很高兴认识你的！"

"好的，妈妈！"女儿非常高兴地小跑过去，大胆地说："阿姨，您好！"

同事没想到三岁半的小孩会主动向她问好，欣喜之余连忙夸奖女儿："噢，奥美真是个乖孩子，我早就听你妈妈说过你的名字。"

正在说话的时候，曹女士的手机响了。单位有点急事需要她马上去处理一下，这怎么办呢？总不能扔下小奥美不管吧。

"哦，是公司有事吗？"同事问道。

"是的，可是，小奥美怎么办呢？"

"没关系，我可以带她两个小时的，正好让她和我儿子玩，你觉得怎么样？"同事说。

"没问题，可是，这要征求一下小奥美的意见。"曹女士转向奥美，"亲爱的，妈妈要到公司去一下，马上就回来，你可以和郑阿姨以及小哥哥一起玩一会儿吗？"

"是和这位可爱的阿姨吗，哦，可以啊，我会很乖的。"

"真是一个可爱的孩子。"同事忍不住再次夸奖道，"你放心吧，我们会玩得很愉快的。"

等到两个小时后，曹女士回到游乐中心的时候，奥美已经粘上了同事。离开的时候她和阿姨及小哥哥告别，还约定下个星期再来儿童娱乐中心玩。

活泼开朗是孩子充满朝气、积极向上的心理品质的体现。对于女孩子来说，开朗活泼中自有一种别样的风采，而快乐活泼的家庭气氛是培养孩子活泼开朗性格的关键。

每一个人来到世上，命运早就注定了她归属于一个特定的家庭，这里便是她最早的成长环境。当女孩子逐渐长大，走向更广阔的社会后，家庭仍然是最贴近、最密切，因而影响最深远、最重要的环境。家庭的幸福与否，对孩子性格的影响是巨大的。

有个叫小桃的女孩在日记中这样写道：

爸爸和妈妈又在吵架，他们总是为了小事吵吵闹闹。每次妈妈总以离婚来威胁爸爸，让爸爸认输。可是第二天他们又继续吵，反反复复，永无休止。连我都觉得厌烦了。既然要面对这样的人生活，那么当初为什么还要结婚？

妈妈曾把我拉到她面前，得意地问我："如果我跟你爸爸离婚，你会跟谁？"她认为我会站在她那边，可是我说："我不会跟你，也不会跟爸爸，我要去找哥哥。""什么？"爸爸和妈妈异口同声发出惊叹的声音。

原来，哥哥是一个游手好闲、不思进取的小混混，是老师头疼、同学害怕的问题学生。他逃课，打架，顶撞老师，几乎干了坏学生都干了的事情。爸爸不知教训了他多少次，妈妈不知骂过他多少回。后来，哥哥觉得在家里待着没意思，就拿着简单的行李，和村子里的人一起去上海打工去了。现在，我终于明白了哥哥为什么不想待在家里。

可见，家庭环境影响着孩子的快乐成长，做妈妈的要努力与孩子的爸爸创造一个和谐的家庭氛围，只有这样孩子才会快乐地成长，才会养成微笑的习惯，形成活泼的性格，保持乐观的心态，也才能具备灵动的气质。

育女真经

第1招：创造和睦友爱的家庭气氛

父母常向孩子表达自己的爱和关心，可以缓解孩子对人的冷漠；父母应该多与孩子一起游戏娱乐，每天多留一点时间给孩子，与孩子交流感情。孩子能从中学到一些与人交往的知识和技巧，特别是能体验到对他人的关心和爱护。这样，在与同伴交往时，会更轻松，也增强了与他人交往的信心，能够培养孩子乐观的情绪。

第2招：让孩子学会像花儿一样微笑

一个善于微笑，脸上经常挂着微笑的孩子，更容易比普通的孩子成为人们的焦点，获得赞誉，而这是培养孩子自尊、自信的前提条件。

在2007年的希望英语大赛上，来自青岛的张宇琦之所以被人们记住，不仅仅是因为他获得了小学组全国总冠军，相信更多的人也同时记住了他一脸灿烂的微笑。不管是在晋级赛中，还是在最后的一场冠军PK中，他的脸上始终洋溢着微笑，在"对手"陈述自己的观点的时候，他在微笑；在"对手"和他辩论的时候，他在微笑；在有限的回答评委提问的过程中，他还是微笑……张宇琦用自己良好的英语口语表达能力和丰富的知识征服了评委和观众，也用他的微笑征服了所有的人。

第3招：培养孩子乐观的性格

生活中，有的孩子在遭受父母离异，生活困顿，疾病缠身，考试失利等情况下，还能够保持良好的心态去认真生活、学习，这是为什么呢？答案很简单，就是他们具有乐观的性格。儿童心理学家马丁·塞利格曼认为：乐观的性格不但能使人时时保持好心情，还能使人对生活中的许多困难产生心理免疫力。因此，一个乐观的孩子不易犯上忧郁、自闭等症状，长大成人后，也能比一般的人更容易获得事业上的成功。

举止大方是女孩该有的气质

毫无疑问，人们对一个举止畏畏缩缩、扭扭捏捏的女孩不会产生多大的好感，因为这样的女孩缺少一种自然脱俗的气质。因此，把女儿培养成举止大方的人很有必要。

一个有气质的女孩子，举手投足之间，总是落落大方，既不会羞羞答答、娇声娇气，也不会像男孩般动作粗鲁。她的言行举止中透露出一种自信、活泼、热情，因而总能够在人际交往中受到欢迎，在工作中也能增加成功的概率。

有个7岁的小女孩长得特别漂亮，但是却非常腼腆，遇到陌生人时就往妈妈背后躲，有时连话也不敢说。这一点让这个小美女的气质大打折扣。妈妈对此感到有些遗憾，她知道女儿畏畏缩缩的毛病不利于今后的人际交往，因此，决定帮助她纠正这个毛病，让她成为一个举止大方的女孩。

后来，每当家里来客人，妈妈就会鼓励她给客人端茶倒水、送果品，还经常当着客人的面夸奖女儿懂礼貌。如果女儿对客人微笑，妈妈就会奖励她一颗最爱吃的糖果；如果女儿和客人说话，等客人走后，妈妈会给她讲许多她爱听的故事。同时，妈妈还悄悄地与那些客人打招呼，让他们尽量找她女儿说话。渐渐地，小女孩的脸上露出了开心的笑容，言行举止也变得大方起来。

那年过中秋节时，女孩的妈妈带着她到外婆家欢度良宵。一个大家族的人团聚在一起，非常热闹。晚饭后，妈妈提议搞个"中秋家庭文艺演出"，得到了大家的赞同。

当女孩的妈妈向大家提出由谁来当主持人时，女孩的表哥立马大声地喊着："我！"女孩也很想当主持人，但是她看看表哥又看看大家，有些不好意思。妈妈看到女儿的表情，知道女儿的心思，就故意说："嗯，表哥挺像着名节目主持人董浩叔叔的。谁愿意做他的老搭档鞠萍姐姐呢?"

"我!"一提鞠萍姐姐,女孩就来了勇气,因为鞠萍姐姐是她很喜欢的节目主持人。于是,兄妹俩便开始了他们的节目主持。晚会上,小女孩竟然将节目主持得有声有色,全然没有了几个月前的腼腆和害羞。

腼腆和害羞是可以克服的。美国的卡根教授曾经说过:"人们把脚伸进水中慢慢试探,从而逐渐克服了对海洋的恐惧。"腼腆和害羞也一样。对于比较腼腆、害羞的女孩,做妈妈的只要耐心地对她进行引导和鼓励,就能让她变得自信开朗、落落大方起来,从而使她更有活力、更有气质。

育女真经

第1招:经常带女儿出门拜访朋友

带女儿出去拜访朋友前,妈妈应先向女儿介绍一下造访的对象,让女儿做好心理准备,消除陌生感。

妈妈还应告诉女儿,到了别人家,就是客人,客人就应该注意仪表整洁、谈吐文明,并懂得基本的用餐礼仪。比如,不能和别人抢座位,不能先动餐桌上的食品。如果你先吃完,要对其他人说:"我吃完了,请大家慢用。"告别时,要对主人表示感谢,同时可以发出邀请,如"今天我真高兴""欢迎到我家去玩"。

第2招:让女儿当回小主人

妈妈也可以利用请亲戚朋友到家中做客的机会,让女儿当小主人。在客人来之前,妈妈应告诉女儿招待客人的一些基本知识,让女儿在招待客人的时候不至于手忙脚乱。如向客人问好、为客人送递茶水、与客人交谈或为客人表演节目等。

第3招:妈妈不要吝啬自己的表扬

当女儿有些改变时,妈妈千万不要吝啬自己的表扬。哪怕女儿的表现还没有达到你的要求,也要表扬,让她有成就感。只有不断地带她出门去接触别人,她才会不再那么害羞,变得大方起来。

第二章

既要善良，也要有点锋芒

　　一个人的发展和成功，需要多方面的因素，智商固然重要，情商更关键。在情商里，人的内在品质与修养，关系到这个人的为人处事原则，关系到他的人格形象。努力将女儿培养成品德高尚的善良之人，关系到她将来能否顺利融入社会，能否成为一个受人欢迎、对社会有贡献的人。

善良是女孩的天性

善良是生命中的最为宝贵的财富，是人性光辉中最美丽、最暖人的一缕。呵护并强化女孩善良的品质，孩子才会成为一个内心充满爱的人。

人之初，性本善。善良作为一种美德或品质，是人与生俱来的天性。对于女孩子而言，善良的天性表现得尤为突出。在生活中，家里的小猫小狗死了，男孩子可能会无动于衷，女孩子则很可能会表现出伤感。这些都是女孩子善良天性的表现，如果妈妈没有用心呵护这种天性，没有强化这种天性，女孩子的内心就会多一分冷漠、少一分爱心。

有一个6岁的小女孩，因为家里养的一条小花猫死了，她非常难过。小女孩总是白天惦记，晚上梦见，担心小花猫"一个人"躺在泥里会不会孤单，会不会饿，会不会冷……当妈妈得知女儿这种杞人忧天的想法后，大为恼火，说："你脑子是不是有问题啊？小花猫又不是人，就算是人，死了也没有感觉，你担心什么啊？"

妈妈的话像一盆冰冷冷的水，浇在了女孩一颗善良而炽热的心上，顿时让女孩感觉内心凉透了。好几天过去了，当小女孩再次提及死亡的小花猫时，被惹烦了的妈妈狠狠地把小女孩斥责了一顿。看着盛怒的妈妈，小女孩再也不提小花猫的事情了。后来，妈妈发现了一件奇怪的事情：家里的小狗遍体鳞伤。到底是怎么回事呢？原来是小女孩在心情烦闷的时候把小狗打伤的。

每个小女孩都是善良的小天使，她们对"死亡"的内涵并不十分清楚。如果妈妈不能耐心地为孩子解释，反而斥责孩子，就很容易消磨女孩子的爱心。在生活中，不少妈妈告诫女儿不要和陌生人说话，小心上当受骗，有些妈妈直接给女儿灌输"人善被人欺""陌生人没好人"等错误的思想，导致女孩子从小就对他人怀着戒备之心。当别人出现困难时，她们就不可能伸出援手。当小动物死掉了，她们就很难产生同情心。当别人落难时，她们就很难生出怜悯之心。

没有善良的品质、没有爱心的女孩，是一个冷漠无情的人，是一个不会积极帮助他人的人。这样的女孩子长大后，如何与人交往，又怎么会孝顺父母呢？作为妈妈，应该明白：缺乏善良的品质是一种道德缺陷，这样的人很难得到别人的认可，因而也很难有所作为。同时，这样的人因为道德缺陷，其人格也容易受到扭曲，因而也更容易受到社会的歧视和厌恶。因此，重视对女孩子善良天性的呵护与强化，是为人父母者最重要的责任。

育女真经

第 1 招：赏识孩子善意的举动

女孩子在很小的时候，她的善心就已经逐渐显露。从教育学的角度来说，如果孩子做的事得到了肯定和表扬，那么她还会继续这么做。因此，父母要赏识孩子的"善良"，让孩子知道你希望她这样做，希望从她的举动中看到善意和柔情。

第 2 招：要培养女孩的同情心

同情别人是爱心的一种体现，自小给予女孩同情心的情感，就是在她身上培植爱心之芽。妈妈在对别人表示同情时，善良的言行会深深打动女孩的心灵，唤起女孩对别人的关心与爱心。妈妈可以用生活中所见到的事例来教育孩子，培养孩子的同情心。

第 3 招：善良的女孩更受欢迎

善良是高尚的美德，是无穷无尽的力量。一个拥有善心的女孩子才更容易受到人们的肯定，更容易被社会接受，她的事业和生活之路也才能更温馨、顺畅。

助人为乐，让女孩成为爱心天使

关心他人，竭尽全力去帮助别人，会使人变得慷慨；关心别人的痛苦和不幸，设法去帮助别人减轻或消除痛苦和不幸，会使人变得高尚；时常为他人着想，会丰富自己的生活，增加自己的涵养。

现在，社会的生活节奏加快，竞争愈发激烈，人际关系变得越来越淡漠。尤其是父母怕女孩子帮助别人而吃亏，就往往忽略了助人为乐的教育，而导致有些孩子在面对需要帮助的人时采取旁观的冷漠态度。

一次，某幼儿园老师对她所教的中班的孩子提出一个问题："一个小妹妹病了，冷得直哆嗦，你愿意借给她外衣吗？"结果，所有的孩子都没有回答。老师不得不点名回答，可听到孩子的答案后，老师感觉很心寒。

第一个小女孩说："病了会传染的，她穿了我的衣服，那我也会生病的。我妈妈还得花钱给我看病。所以，我不会给她穿。"

第二个也是小女孩，她说："我妈妈不让。我妈妈会打我的。"

结果，半数以上的孩子都找出种种理由，表示不愿意借衣服给生病的小妹妹。

这种现象绝非偶然，而是很多孩子的真实写照，这些孩子似乎不懂得助人为乐是一种美德。其实，孩子们的心灵是纯真的，不愿意帮助别人与孩子所接受的家庭教育有关。所以，父母要经常教育孩子帮助别人，并在生活中为孩子做出助人为乐的榜样，那么孩子自然而然懂得帮助别人。

在一家杂货店里，苏女士和丈夫正在购物。丈夫拿着购物篮，苏女士一手牵一个女儿。那是一对可爱的双胞胎女孩，大约5岁。当他们买好了东西，站在收银台准备付款时，前面一位年老的顾客没有拿稳售货员递过来的装钉子的纸袋，"哗"的一声，钉子撒了一地。两个小女孩吓了一跳。

苏女士对两个女儿说："宝贝，我们来帮他一把。"说着，俯下身去帮老人拾起钉子。两个小女孩马上俯下身子，和妈妈一起帮老人家捡钉子。她们的举动让那位年老的顾客非常感动，当他用颤抖的双手接过苏女士递过来的钉子时，说："真是太谢谢你们了，你的孩子很可爱啊！"两个小女孩听了这话，满脸洋溢着幸福的微笑。

常言道："父母是孩子最好的老师。"教育孩子时，不需要讲太多的道理，只需要一个俯身的姿态，一个伸出热情双手的动作，就能给孩子深刻的启发和有力的引导。在帮助别人之后，妈妈再对女孩进行简短的教育，就能达到很好的教育效果。

育女真经

第1招：妈妈带头帮助别人

妈妈的行为是女孩的一面镜子。妈妈以身作则，为女孩做出助人为乐的榜样，女孩耳濡目染，日久天长就会养成助人为乐的习惯。比如，邻里之间互相关照；帮助孤寡老人的生活；心系灾区灾民，为灾区捐款捐物；单位同事遇到困难时给予帮助和关照；在公共汽车上给老人让个座。这种教育的作用是潜移默化的，将会收到"润物细无声"的效果。

第2招：让女孩从助人行动中获得快乐

帮助别人是一件快乐的事情。当帮助别人解决困难，看到对方脸上洋溢着微笑时，我们能感到生活的意义。妈妈应该引导女孩去体会这种感受，比如，妈妈可以对女孩说："你把玩具借给小朋友玩，小朋友很开心，你是不是也很开心呢？"要知道，女孩子很容易被同伴的情绪感染，小朋友开心，她们也会感到快乐。

第3招：及时肯定女孩的助人行为

妈妈要强化女孩"关心他人"的心理，在她向别人伸出援手后，要及时给予肯定和表扬。这样可以激发女孩助人为乐的热情。

诚信是女孩必备的品质

诚信是人与人之间彼此信任与支持的桥梁，是一个人立身的基础。对于女孩来说，诚实守信是必备的品质。它不仅能使女孩获得大家的尊重和信任，还能使她的人生旅途变得顺利。

诚信自古以来就在人们心目中占有极其重要的位置。早在春秋时期，孔子就说过："人而无信，不知其可也。"意思是：一个人不讲信用，真不知道能干什么。可见，诚信是人生存的根本。诗人海涅曾经说过："生命不可能从谎言中开出灿烂的鲜花。"做妈妈的要想让女儿的人生如鲜花一般灿烂，就要让女儿成为一个守信的人。

一个星期六的早上，女儿彤彤缠着崔女士说："妈妈，带我去公园玩好不好啊？"见妈妈不太愿意，女儿就说："妈妈，如果你带我去公园，我向你保证，不会要你买零食给我吃。"崔女士笑着说："好呀，来拉勾，彤彤真是个好孩子。"

在公园里，彤彤玩得非常高兴。可玩着玩着，彤彤忽然就停了下来，她看到别的小朋友都在吃着冰淇淋、薯片、饼干……嘴里不停地咽口水，一想到冰淇淋的香甜美味，彤彤就受不了了。于是，她就吵着跟崔女士说："妈妈，我要吃冰淇淋。""彤彤，你自己保证过的，今天你不吃零食。"

过了一会儿，彤彤又对崔女士说："妈妈，我口渴了，你就给我买冰淇淋吧，吃完冰淇淋后，我就不再吃别的东西了，好不好？"崔女士说："彤彤，妈妈给你带矿泉水了，来，喝点水吧。"

彤彤见妈妈还是不答应，于是就用哭来吓唬妈妈，彤彤一边哭一边说："我要吃冰淇淋，我就要吃冰淇淋，我不管！"崔女士严肃地说："彤彤，你自己说过的话要算数，要负责任，要做个诚实守信的好孩子，可不能言而无信，知道吗？"最后，崔女士坚决不同意给彤彤买冰淇淋。

妈妈对于女孩许下的诺言，要坚决要求她遵守，因为这关系到女儿诚信品质的培养。要知道，如果女孩子在家对父母说话都不算数，那么她在与别人打交道的时候，也可能会不守信用，那样就无法得到他人的信任和喜爱。

育女真经

第1招：及时地肯定女儿诚信的表现

当孩子的行为出现一些欺诈和虚伪的苗头时要抓紧批评教育，抓而不紧等于不抓，趁热打铁才能成功。只有这样，才能让孩子从小明辨是非，爱憎分明，树立诚信意识。这个"抓紧"是指生活中的一切机会，比如与孩子一起看电视，做父母的便可对电视中的人物品行加以赞扬或批评……我们主张正面教育为主，但也要配合反面教育，让孩子在成长道路上有一种警惕性，懂得失去诚信就有犯罪的危险。

第2招：及时兑现对女儿的承诺

要想让女儿守诚信，妈妈首先必须是一个守诚信的人。如果妈妈是诚实、守信的人，那么女儿受到影响，就容易拥有这一品质；如果妈妈是一个爱撒谎、不守信的人，那么女儿也可能会学会不良的行为。

孩子的眼睛是雪亮的，她往往会以实际为取舍。因此，作为妈妈，应时刻检点自己的言行，从日常生活中点点滴滴的小事做起，为女儿树立诚实守信的正面榜样。唯有如此，对女儿的诚信教育才会有实效。

懂得分享的女孩欢乐多

分享是一种美德，也是一种智慧，女儿可以从充满童趣的分享活动中真切感受到分享带来的快乐，这对她正确理解分享以及她将来健全人格的形成都具有十分重要的作用。

一位哲人曾说："分享是这个世界上最伟大、最美妙的感觉，也是一个人必备的美德。它能让你收获快乐，收获友谊，收获事业的成功。孩子在成长的过程中需要学会与人分享自己的快乐和痛苦，不懂得分享的孩子，他的人生必将失色许多。"

分享可以帮助女孩子赢得玩伴，使她学会与他人和睦相处，促进她的社会化；分享还可以帮助女儿学会在今后与人共同生活、合作共事。因此，培养女孩与人分享的习惯，有助于她获得更多的快乐。

一天，李女士带女儿安安到朋友家作客，朋友的女儿洁洁与安安同岁。两个小姑娘一见面，洁洁就喜欢上了安安头上戴的那个粉红的蝴蝶结，并执意要安安摘下来，让自己戴一会儿。

"安安，你把蝴蝶结给洁洁戴一会儿，好吗？"李女士对自己的女儿说。

"不行！我自己要戴。给洁洁戴上我就不漂亮了。"安安的态度很坚决。

面对女儿的态度，李女士没有立即批评或放弃不管，而是耐心地说："如果你看见洁洁戴着一个漂亮的蝴蝶结，而你没有，你想不想要戴呢？"

"想。"安安的回答很干脆。

"这就对了，现在你把自己的蝴蝶结给洁洁戴，下次洁洁也会把她喜欢的东西送给你的。"

安安低头想了一会儿，终于把自己头上的蝴蝶结摘了下来，递给了洁洁。洁洁戴了一会儿，把蝴蝶结还给了安安，还礼貌地谢谢了她。之后两人玩得特别开心，洁洁带着安安参观了她的房间，还把自己的玩具给安安玩。

"这些玩具都是我一个人的，不准你们碰。""巧克力、牛肉干、薯片都是我爱吃的，你们谁都别吃。"……生活中，许多和婷婷一样的小孩子都有很强的"占有欲"，她们不愿意与小朋友甚至是父母分享自己的食物和玩具。

小孩子不肯与人分享是可以理解的，他们害怕失去了自己的东西，对此，妈妈有必要告诉孩子："分享不是失去，而是互利的行为，分享体现了自己对别人的关心与帮助，自己与别人分享了，别人也会回报自己同样的关心与帮助，这样彼此关心、爱护、体贴，大家都会觉得温暖和快乐。"

育女真经

第1招：在家里营造与人分享的机会

父母在孩子小的时候，就要有意识地创造分享的机会。比如，在孩子处于婴幼儿阶段，当他手里拿着自己喜欢的小鸭子玩个不停时，父母可以拿一个小娃娃或是一个小飞机递给孩子，然后从孩子手里拿走小鸭子，这样反复训练，孩子就会用自己手中的东西去与人交换，而不是长时间地"霸占"某一玩具。

第2招：不要给孩子搞"特殊化"

有些小女孩在家里就是"小公主"，她们被父母过分溺爱，一旦有好吃的好玩的，父母就会让她们先吃、先玩，可以说是"集万千宠爱于一身"，这就导致孩子不知不觉中形成了"特权意识"，染上了不肯与人分享的坏习惯。因此，若想让女孩子具备分享的意识，父母就不应给给她打上"特殊化"的标签，而要一视同仁地对待孩子，像对待其他家庭成员一样。

第3招：让女孩懂得施比受更有福

当孩子得到一件东西时，往往表现得很高兴。但如果让他把这件东西送给更需要的人时，往往是一百个不愿意。因此，妈妈应该教育孩子，有的时候给出比得到更令人开心，特别是你送出的东西是别人最需要的，当别人感到高兴时，你的心情也会跟着好起来。

谦虚是进步的阶梯

虚心使人进步，骄傲使人落后。一个人在追求成功的道路上，谦虚是必不可少的品质。在与人相处的过程中，谦虚也是不可或缺的品德。有了谦虚的精神，你的女儿才会保持进步，才会有亲和力。

在生活中，不少女孩子一旦取得了成绩，就骄傲自大。这种心态不但会导致她止步不前，还会为她的人际交往制造障碍。如果女孩因为一次考了好成绩，便不再去认真学习；因为在班里担任了班干部便目中无人，看不起班上的其他同学，这样下去只会导致最终的失败。因此，好妈妈要从小培养女儿谦虚的美德，戒骄戒躁，在谦虚中不断吸取知识，不断取得进步。

雪梅早在上幼儿园时就是个非常棒的孩子，老师教什么她一学就会，整个幼儿园里就数她最出色，受到的夸奖也最多。

雪梅进入小学以后，成绩也一直名列前茅。同学们非常钦佩她，老师们常常夸奖她，妈妈对她更是十分宠爱。在一片赞扬声中，雪梅开始自满骄傲起来，甚至觉得自己是最了不起的天才。她渐渐和同学、老师疏远了，很少与他人一起探讨学习。

面对雪梅的这种状况，雪梅的老师意识到如果不帮助她克服骄傲的毛病，那么，她就有可能从此止步不前，继而退步。于是，老师找雪梅谈话，告诉她骄傲的危害，同时把雪梅的情况反映给她的父母。

雪梅的妈妈得知情况后，语重心长地对雪梅说："一个人在学习中，一定要谦虚谨慎，虚心好学，学习成绩再好也没有什么值得骄傲自大的。你现在还只是一个小学生，所学的知识还非常少，你所知道的只不过是一点皮毛。如果你现在就认为自己很出色，因而产生骄傲心理的话，你就很难再学得进其他的知识了。"

雪梅听后心里一震。接着，妈妈又进一步指出："你现在的成绩虽说相当好，但那已经是过去了。你应该学会忘掉成绩，不断学习自己不懂的知识。只有这样，你才能一步一个脚印，永远处于进步当中，才能取得更大的成绩。"

妈妈的话使雪梅意识到骄傲的心理是阻碍自己探索未知世界的绊脚石，于是她沉静下来，虚心地投入学习。

孩子成绩好表现优秀，作为妈妈当然开心。但妈妈也应该懂得让女孩保持一颗谦虚的心，这样才能让她在今后的人生道路上赢得更多的成功。

谦虚在人们成长、成才、成功的过程中，有着相当大的促进作用。谦虚的品质不是与生俱来的，而是要靠后天培养得来的。好妈妈应当从小培养女孩谦虚的品德，使女孩认识到谦虚的益处、骄傲的害处。

育女真经

第1招：肯定女孩的成绩，同时鼓励并鞭策她继续努力

好妈妈在肯定女孩进步的同时也要提醒她，学无止境，只有不断进步，才能变得越来越优秀。这既是一种鼓励，也是一种鞭策，可以使孩子发现自己的不足，从而不断地加以改正，不断地进行弥补。

第2招：帮助女孩认识骄傲的危害，让她不要懈怠

虚心使人进步，骄傲使人落后。好妈妈应该让孩子明白骄傲是前进的阻力，只有排除阻力，才能有持续不断的进步。与此同时，还应该告诉女孩："你所取得的成绩值得肯定，也是一件值得高兴的事情，但这只不过是阶段性的成果。在这条道路上，你还有很远的路要走。因此，千万不要忘了继续努力。"

第3招：多与成绩好的同学相处

谦虚是一切美德之冠，当女孩有骄傲的情绪时，好妈妈要告诉女孩："越是饱满的谷穗，越是低下自己的头；只有秕子才会高高地扬着自己的头。"同时，让女孩多跟优秀的同学相处，从而认识到自身的不足，学会

谦虚。

有责任心的女孩值得信赖

责任感是一个人能否立足社会、成就事业的最基本的人格品质。要想自己的女儿成为对社会有用的人才，妈妈就要注意从小培养女儿的责任感，让女儿养成对自己的事情、对自己的言行、对自己的学习、对自己的家庭负责的习惯。

在孩子成长的道路上，只有具备了责任感，他们才能赢得别人的信赖，获得别人的赏识。培养女孩子的责任感其实就是让她学会做自己该做的事情，这叫对自己负责，是培养责任感的初级阶段。如果一个女孩子对自己应该做的事情不负责，又怎么强求她去对学习、对家庭、对事业、对他人负责呢？

一个大雨滂沱的早晨，赵女士骑着自行车送女儿去上学。快要到学校的时候，女儿突然喊叫起来："呀！妈妈，你忘了给我戴红领巾吧？糟了，老师今天要检查的。都是因为你，快给我回去拿，迟到了你要负责！"

可怜的赵女士叹了口气，无可奈何地调转车头，一边擦着满脸的雨水，一边自言自语："是呀，我怎么给忘了呢？"而她的女儿仍旧不依不饶，责备着妈妈的粗心。

如果妈妈一味地大包大揽，只会让孩子变得依赖，不懂得对自己的事情负责，长大后，更不懂得感恩，也更加没有责任感。

对于女孩来说，拥有责任感不仅可以使她更讨人喜欢，还可以促进她自身能力的发展。儿童心理学专家认为，一个人缺少一些知识不一定影响他的发展，但缺少责任感将会贻害他一辈子。因此，培养女孩的责任心是妈妈不能忽略的问题。

徐女士在女儿3岁的时候，就开始着手培养她的责任心。无论是在家里还是与别的孩子在一起时，徐女士都会有意识地让女儿充当一些有意义的角色，使她感到自己的行为对他人、对集体有积极的作用，同时也培养了她战胜自己的弱点、增强各种能力的信心。

徐女士时常让女儿担任她的"助手"，帮助她做一些力所能及的事，从而锻炼女儿的责任感和能力。在她的鼓励和引导下，女儿总是高兴地参与进来。比如，让女儿和她一起收拾碗筷、打扫卫生、洗衣服、帮忙看店等。

一个星期天，徐女士所开的店里生意特别忙，就叫6岁的女儿帮忙看店，负责接听电话。电话响了，是女儿的同学打来的。过了一会儿，电话又响了，又是女儿的同学打来的。徐女士对女儿说："同学找你有什么事，你去吧！"

女儿回答说："没关系的，是同学打来的，问我要不要一同去买书。"

"店工已回来了，有人看店了。你去吧！"

"没关系的，店里忙，今天我帮忙看是应该的，您休息一下嘛！今天让我来做一回小老板。"

徐女士说："你行吗？"

"肯定行！"

听到女儿这样说，徐女士非常高兴，因为她的女儿已经是个懂事的、有一定责任感的孩子了！

不要认为孩子长大了自然就会有责任感，便从小忽视责任心的培养。幼儿阶段是责任心的萌芽阶段，孩子们常常表现出各种尝试的愿望，比如要求独立吃饭、试穿衣服、手脏了自己洗等。

等到孩子稍大一点时，他们的责任心开始表现在关心家人和家庭事务上。因此，妈妈要提供表现责任感的机会，使女孩懂得什么是责任，并且学会如何负责任。

育女真经

第 1 招：让孩子明白什么是自己应该负的责任

首先，妈妈要放手让女孩做自己该做的事情。要让女孩明白，学习、铺床、穿衣服、洗衣服等，都应该靠自己独立完成，是自己应该负的责任。同时，还要让女孩学会关心老人、病人和比自己小的孩子。在家人生病的时候，妈妈要鼓励女孩照顾家人，让女孩记得父母的生日，鼓励她给父母精心准备一份生日礼物。

第 2 招：让女孩对自己造成的不良后果进行补救

当女孩犯错时，妈妈应该让她对自己的行为负责，如损坏了别人的玩具，一定要让女孩买了还给人家。弄脏了地板，就让她自己擦干净。要使女孩知道，谁造成不良后果，就该由谁负责。

第 3 招：切记不要时刻提醒女孩该做什么

当要孩子记住做某事时，与其大人经常提醒，还不如让孩子自己记下要做的事情，这样孩子也慢慢地学会了对自己的行为负责。孩子只有学会了对自己的事情负责，才能逐步地发展为对家庭、对他人、对集体、对社会负责。

懂感恩的女孩才是父母的"贴身小棉袄"

感恩是一份美好感情，是一种健康心态，是一种良知，是一种动力。人有了感恩之情，生命就会得到滋润，并时时闪烁着纯净的光芒。一个懂得感恩并知恩图报的人，才是天底下最富有的人。

"谁言寸草心，报得三春晖""滴水之恩，当涌泉相报"，说的都是感恩。自古以来，感恩是一切美德之源。让女孩子拥有感恩的品质，可以促进她们健康人格的形成，而且对其今后和谐人际关系的建立有重要作用。

在很多家庭，妈妈将女孩视为掌上明珠，对女孩过于溺爱。在这种情况下，女孩很容易形成"只知受惠，不知感恩；只知索取，不知奉献；只知攀比，不知回报；只知被爱，不知责任"的坏习惯。所以说，溺爱女孩不利于她感恩品德的形成。

有位母亲说："其实不是女孩不懂得感恩，只是她的爱经常表现在细微之处，关键要看家长是否察觉到。"的确，只要妈妈用心去发现这种爱，就能知道她们是懂得感恩、懂得爱别人的。

一天，6 岁的女儿从外面跑回来，满头大汗："妈妈，你快来看!"女儿兴奋地叫着。

"看什么啊?"妈妈笑眯眯地走出来，只见女儿两只小手捧在一起，小心翼翼打开来。"这是我的小伙伴给我的银子! 是他奶奶给他的!"女儿惊喜地说。妈妈凑过去仔细看，女儿手里捧的是些不规则的小金属片。

"这是打戒指用的! 妈妈，您也打个戒指吧，您就不知道打扮自己。"

女儿的话让妈妈的心暖暖的，看看"银子"，再看看女儿，她小心翼翼地接过"银子"，用心地收藏起来。

女孩的脸上露出了幸福的微笑。

小小的金属片虽不值钱，但女孩的爱心是无价的，这种爱心中隐藏着对妈妈的感恩之情。母亲接受了这份爱，让女孩感到快乐，也激起了她继续表达爱的强烈欲望。如果妈妈忽视它，对女孩说："这个有什么用? 快扔了，脏死了。"无疑会打击女孩的爱心，挫伤女孩的感激之情。

培养女孩的感恩品质，不妨这样做：有好吃的东西，不要都给她一个人吃，要让她和家人一同分享；当自己累了困了时，可以让女儿帮忙端杯水、泡杯茶。在女儿关心妈妈方面做出行动时，妈妈要表示高兴或感谢。这样长时间熏陶，孩子慢慢就会懂得感恩。

育女真经

第 1 招：妈妈要做女孩知恩图报的榜样

若想激化女孩感恩的心，妈妈就要做好榜样。在家里要孝顺长辈、关爱伴侣；在邻里之间，要关心邻居、和谐相处；在朋友之间，要将心比心、礼尚往来。从生活的小细节处影响女孩，让她逐渐形成感恩的意识。

第 2 招：从小事入手，让女孩孝顺父母

培养女孩的感恩之心，妈妈要从平时的一点一滴的小事入手。爸妈下班回到家，一双拖鞋、一杯茶都能体现女孩的贴心，更能从细微处体现女孩的感恩之情。

第 3 招：让孩子体验一下辛苦

美好生活来之不易，很多女孩没有体验过生活的艰难，不知道工作多辛苦，做家务多累。这时，妈妈不妨给女孩提供个机会，趁周末让她自己做早餐、收拾房间、打扫卫生等，体验一下妈妈平时的辛苦。

第三章

文明礼貌，女孩应有的教养

当一个牙牙学语的女孩说出"谢谢奶奶"时，奶奶笑了，妈妈也笑了；当一个刚入园的女孩子说"老师，早上好"时，老师笑了，妈妈也笑了。她们之所以笑，是因为从孩子的礼貌和修养感到宽慰，因为她们知道"3岁看大，7岁看老"，一个知书达理的女孩会成为一个受人欢迎、讨人喜欢的人。

尊重他人就是尊重自己

在不恰当的时候说出让人尴尬的话，就是一种恶语。恶语是对他人的嘲讽和不尊重，会伤害别人的自尊，也会影响自己的人际关系。因此，妈妈要教育女儿，说话的时候要考虑别人的感受，不要对他人恶语相向。

在生活中，只要你稍加留意，就会发现有些女孩子说话不懂得尊重他人，经常挖苦、嘲讽别的小朋友。比如，有些女孩子会对小朋友说："你是胖熊，平时吃的不是粮食，而是增肥药。"甚至还会嘲笑同桌："你写的字像螃蟹，还报名参加书法比赛，我看还是别丢人了。"

"你是猪，你白痴""叔叔，你的嘴巴好臭""妈妈，这个新娘好丑"，当这些话冷不防从孩子的嘴巴出现时，你一定窘得想钻进地洞里。因为你的女儿在众人面前说出这样的话，表现得很没有教养，会让你感到难堪。

这些话或许只是没有恶意的玩笑，但是却给别人造成了不良的影响。这些话非常尖酸刻薄，充满嘲讽与挖苦。孩子说出的时候，没有考虑到别人的感受。因此，妈妈在教育孩子的时候，可以让她换位思考一下，这样孩子就容易认识到自己的错误。

女儿：

上个星期的周末，妈妈陪你去青少年宫练琴。当时，老师让一个比你小两岁的小朋友弹奏时，那个小朋友躲在她妈妈的身后，不肯走到琴前。我知道，你可能是觉得她害羞的样子好玩，或者为了显示你的"勇敢"，你才会大声地笑着对我说："妈妈，你看她，太好玩了……"

当你说出这样的话后，那个小女孩更紧张地抓住了她妈妈的衣服，眼泪都要出来了。而那个小女孩的妈妈，也被自己孩子的表现和你的那句话刺激了，她感到很尴尬，差点要抬手打自己的女儿。

也许说完那句话，你就忘了。妈妈想告诉你的是：这是一个大问题。你知道吗？女儿，你说的那句话，也让妈妈感到尴尬。当时，我很想大声斥责你"不要乱讲"，但考虑到你的面子，妈妈没有那么做。因为你只是一个八岁的孩子。

可是，你想过吗？那个小妹妹和她的妈妈也要面子，你说出的那句话恰恰是伤害了她的面子。因此，妈妈写这封信，是为了让你明白说话要尊重别人，考虑别人的感受，不要嘲讽别人，那样是不礼貌的。

爱你的妈妈

这位妈妈以书信的方式，教导女儿学会尊重别人，学会考虑别人的感受。对待别人保持一种宽厚和理解，善意和尊重，这才是一个知书达理的女孩子应该具备的修养，是一个有教养的女孩的表现。

育女真经

第 1 招：教育孩子说话时要有分寸

很多女孩子说话口无遮拦，觉得怎么痛快就怎么说，全然不顾对方的感受，而且在说话的时候，经常夹带着一些侮辱性的语言，这样就会伤害对方的自尊心，从而给自己的人际交往造成障碍。因此，妈妈有必要教育女孩注意说话的分寸，不要说有伤他人自尊的话。

第 2 招：告诫孩子不要挖苦他人

好妈妈应该告诉女儿："看到别人遭遇不幸时，我们应该同情、安慰、帮助别人，而不是嘲笑、打击别人。如果你遭遇不幸，小朋友不来安慰你，反而在一旁冷眼旁观嘲笑你，你会有什么感受呢？"通过引导孩子换位思考，很容易使孩子懂得其中的道理，认识到自己的错误。

第 3 招：妈妈要检点自己的言行

当你发现女孩喜欢嘲笑他人时，在制止的同时，也应检点自己的言行，帮助女儿树立正确的是非观，从而改掉女儿的不良行为。比如，有的妈妈喜欢在家里议论邻居家的孩子："小华一副呆头呆脑的样子，像弱智似的。"女儿听后，就有可能在遇到小华时，也会这样嘲笑他。

第4招：说话得体的孩子更受人尊重

不论什么时候，都要让女儿记住，说话的时候要表达自己的善意和理解。如果没有考虑周到的话，最好不说。从小就让女孩学会说话得体，将来在人际交往中才会得到别人的尊重。

从生活小事中学会感恩

伟大的教育家孔子认为，孝是一切道德的基础、至善的美德。孝是一个孩子对父母、晚辈对长辈的伦理道德规范，是中国传统伦理道德的重要内容。妈妈应该在女儿小的时候，重视培养她尊敬长辈的品德。

尊老爱幼是中华民族的传统美德。在爱幼方面，家长们做得非常好。可是在尊老方面，孩子们却做得不够。现在的孩子被家长宠得说不得、打不得，变得娇生惯养，没大没小，不懂得尊敬长辈。因此，让尊敬长辈融入女孩子的日常生活是一堂非常重要的教育课。

"老徐，快点把我爱吃的红烧鱼端过来，我肚子饿得咕咕叫了！"5岁的采萱这么"差遣"着她的奶奶。这已经是采萱的妈妈第二次听到女儿这么"使唤"奶奶了。第一次，她认为采萱在和奶奶开玩笑。但这一次她不这么认为，她觉得女儿完全不懂得尊敬长辈。

于是，采萱的妈妈呵斥女儿："采萱，你怎么可以这样和奶奶说话呢？要尊重奶奶，知道吗？"这时，奶奶赶忙出来为采萱"保驾护航"："没关系的，没关系的，闺女儿饿了嘛，闺女儿这么叫我，是跟我亲热。"

采萱的妈妈没有说话，而是使了个眼神，让采萱的奶奶到房间里，轻声地说："妈，我在教育女儿尊敬长辈，这是一种礼貌教育，目的是想把孩子培养成知书达理的贤淑女孩。你不能站出来为孩子说话了，因为孩子本来就做错了。我还想劝你，以后别让采萱随便使唤你，如果她还那么，你应该教育她，你说是不是呢？"

采萱的奶奶本想说什么，但又止住了，接着喃喃地说了句："哦，是啊，你说得有道理，我知道该怎么做了。"

接着，采萱妈妈把采萱叫到屋里，对她说："采萱，你为什么那样使唤奶奶呢？"

采萱说："妈妈，每次我想做什么，只要一叫奶奶，奶奶就会给我做好，这样我就不用自己辛苦了。反正奶奶说了，只要我听话，她给我做什么都愿意，还说叫她做什么都没关系，只要心里有奶奶就行。"

采萱的妈妈说："你那样叫奶奶是不礼貌的，是不尊敬她的表现。作为晚辈，要对长辈表示尊敬，要礼貌地对待长辈。以后不要再那样使唤奶奶了，知道吗？"

采萱连连点头，表示以后再也不那样做了。

身为母亲，有责任教育女儿学会尊敬长辈。所谓尊敬长辈，包括孝敬父母、尊敬爷爷奶奶以及其他长辈。让孩子具备这种美德是可贵的，这也是女孩子应该具备的基本教养。妈妈要让女儿从小就有尊重他人、尊敬长辈的意识，而家庭就是一块试验田。如果妈妈不注意这一点，让女儿为所欲为，那么女儿就会变得"没大没小"，接着再变得"没老没少"，最后很可能"无法无天"。

育女真经

第1招：让女儿学会礼貌地与长辈打招呼

妈妈应该在女儿小的时候，教她有礼貌地向老人打招呼，比如："奶奶，早上好！""谢谢爷爷！""再见，爷爷奶奶！"当女儿出门在外的时候，妈妈应该事先告诉她："在任何时间任何地点，只要你和认识的叔叔阿姨相遇，都应该礼貌地说声：'叔叔阿姨好。'"这样教育女儿，不但能培养她尊敬长辈、讲礼貌的好习惯，还能培养她独立自主的能力。

第 2 招：教育孩子体谅和关心长辈

长辈身体不好，妈妈要教育女儿学会问候他们，或者做些力所能及的小事。比如，给爷爷奶奶倒杯水；在爷爷奶奶生病的时候，提醒老人吃药。当爸爸妈妈下班回家时，记得不要打扰爸爸妈妈休息。同时，妈妈可以引导女儿观察和体谅别人，教女儿在给别人减少麻烦的过程中学会尊敬长辈。

第 3 招：尽量不要为孩子包办代替

虽然女孩需要成人的关心和爱护，但成人不能对女孩子过多地包办代替。如果什么都替孩子想好了，什么都替孩子做好了，孩子就会认为这一切是理所当然的，就不知道珍惜和感激，就很容易产生不尊敬长辈的行为。

第 4 招：教育女孩尊重劳动成果

当妈妈准备好饭菜时，如果不合胃口也不应扔下筷子。这样做很不礼貌，也不尊重妈妈。

让女孩拥有一颗宽容、博大的心

一个知书达理的人，是不会过分挑剔别人、责难别人、无理取闹的。知书达理的人懂得容忍别人的缺点，不会为小事斤斤计较，懂得站在别人的角度考虑问题，这样的人是最容易受到别人欢迎的。妈妈应该将女儿培养成这样的人。

当你发现孩子总是抱怨、挑剔别人时，千万不可听之任之。殊不知，孩子的这种抱怨如果没有得到及时纠正，时间长了，就会养成一种恶习，甚至会让她变成一个无理取闹、满嘴都是别人不对的人。

所以，当你发现女儿抱怨、指责、挑剔别人时，要立即制止，并告诉她："人无完人，每个人都有缺点，都有犯错的时候。你自己也有缺点，也有犯错的时候。如果别人抓住你不小心犯的错，喋喋不休地指责你，你会有怎样的感受呢?"要让女孩明白，抱怨不如理解，指责不如包容，挑剔不如接纳。只有当女孩子学会了这样为人处事，她才能变得知书达理。

外出旅游时，吴女士给女儿芳洁买了一个小风车。同行的小伙伴浩浩却买了一个稍大一点的风车，他便向芳洁炫耀。玩了一会儿后，浩浩的风车便玩坏了，这下芳洁找到报复机会了："哈哈，我说大的不好吧，这么快就坏了。"浩浩非常难过，看着坏掉的风车发呆。

吴女士一听，赶紧把女儿叫过来，说："芳洁，你觉得刚才这样说话对吗?"

"谁让他笑话我的风车小呢?"

"如果你的风车坏了，你的心情会怎样?"

"我会难过。"

"对呀，浩浩没有风车玩了本来就很难过，你又这样说他，他心里是不是会更难受?"

女儿听后，不吭声了。

吴女士又对女儿说："好朋友要互相关心，我知道芳洁很喜欢帮助别人，现在你想想应该怎么做呢?"

芳洁想了想说："让他和我一起玩我的风车吧。"于是，两个孩子又重归于好，欢叫着、奔跑着，开心地玩着小风车。

孩子之所以喜欢挑剔别人、嘲讽别人，是因为他们不懂得体会别人的感受。因此，教育孩子学会换位思考，学会站在别人的角度考虑问题，体会别人的感受，能有效地促使孩子变得通情达理，变得富有同情心，变得懂得体贴关怀别人。

育女真经

第1招：让孩子学会换位思考

面对女儿爱抱怨、爱挑剔的毛病，妈妈可以故意挑孩子的毛病，比如："你的书桌怎么乱糟糟的啊？""你的字怎么写得那么难看啊，一点进步都没有。"只要你在一天之内，多次挑孩子的"毛病"，孩子就会受不了了。然后再对她进行教育，问她："别人挑剔你的时候，你好受吗？那你以后还挑剔别人吗？"这样孩子也就学会了理解别人。

第2招：不让"坏种子"发芽

妈妈应该注意的是，当你发现女儿有不良的动机或想法时，要帮助她灭掉这些"坏种子"，使其无法生根发芽。当女儿抱怨别人，言语中表现出愤恨时，你应该教育女儿体谅别人、理解别人。

莫让女孩子出口成脏

突然有一天，你发现乖巧可爱的女儿会说脏话了，"去你的""他妈的""王八蛋"，等等，当孩子用带着稚气的声音说出这样的话时，作为母亲，你是不是有些不敢相信自己的耳朵呢？你是不是感觉如临大敌？

大眼睛，樱桃小嘴，头上别了粉红色的蝴蝶发夹……有这样一个聪明可爱的女儿，父母一定会很高兴。但是，如果这个孩子出口成"脏"，父母可能就犯愁了。一个如此漂亮可爱的小女孩，说出的话却那么难听，与她的外在形象格格不入。这样的女孩长大了，也不会受人欢迎。

陈女士的女儿名叫花花，在幼儿园里喜欢唱歌，很受人欢迎。可最近，陈女士发现花花总是把"格老子""龟儿"等不文明的词语挂在嘴边，让她都不太敢带女儿出门。

一天早晨，陈女士起床后帮花花穿衣服。当时是冬天，花花非嚷着要穿新买的漂亮的粉红色外套。但是，陈女士担心新外套不能御寒，就执意花花穿上小棉袄。"格老子。"花花气得小脸通红，腮帮一鼓一鼓地说了这句话。当时，陈女士被女儿吓了一跳，但也没有将这件事放在心上。后来陈女士发现，女儿一生气就会冒出一两句脏话。

不久前的一个周末，陈女士带着女儿在朋友家聚会。席间，花花还为大家唱了一首《北京欢迎你》，大家都夸奖她，陈女士心里美滋滋的。大家正聊得开心，陈女士接到了单位的电话，说要加班，于是她提着包，准备带花花回去。花花满脸不乐意，开口就说到："龟儿妈妈又要回去打电脑。"

当时，陈女士僵在原地，朋友们都露出了诧异的表情，而花花显得若无其事。陈女士感到非常没面子。回到家里，陈女士狠狠训斥了女儿，没想到小家伙委屈地钻进被窝里哭个不停。

"花花，你爱妈妈吗？"陈女士来到女儿的床前，问女儿。

"爱！"

"你说龟儿妈妈是在骂妈妈，你知道吗？"花花摇了摇头，表示不知道。

陈女士说："你那是在说脏话，是不礼貌的。以后不能再说那些脏话了，比如'格老子''龟儿'，知道吗？"

花花停止了哭泣，把小脑袋伸出被子，"嗯"了一声。

孩子本是单纯的，接受新事物的能力很强。正因如此，他们才更容易受到不良社会风气的影响。如果你的女儿嘴里冒出了脏话，千万不可不当回事。要知道，如果孩子的坏习惯在小时候没有得到纠正，那么以后就难以纠正了。

育女真经

第 1 招：给孩子创造一个文明的成长环境

孩子特别容易受到环境的影响，这个环境是由父母、亲戚、同学等组成的。从根本上来说，父母在孩子成长的环境中有着关键性的作用。如果父母在家里经常"爆粗口"，孩子耳濡目染之下，粗话自然脱口而出。另外，父母要注意自己家庭周边的环境，教育孩子少和那些满嘴脏话的小朋友玩，多给孩子讲讲说脏话的坏处。

第2招：发现女儿说脏话时，应及时教育

女孩子说脏话一般有两种情况，一种是偶尔说一两句，一种是常把脏话挂在嘴边，无论是对谁，无论是在什么场合，脏话都会脱口而出。如果是第一种，妈妈在发现后要求女儿以文明的语言、用正确的措辞把事情重说一遍，并告诉孩子以后要注意用词，不说脏话、不骂人。如果是第二种，妈妈应该严肃地警告女儿：你说话不文明，没人喜欢听，以后不准再说了。然后，和孩子一起分析为什么不能说脏话，话要怎么说，从正面引导孩子。

第3招：让孩子明白说脏话的坏处

妈妈发现女儿说脏话后，不要简单地训斥，更不能打骂，应对孩子进行教育，讲明道理，并和老师沟通，请老师配合一起对孩子进行教育，这样的效果会更好。如果孩子年龄小，一味和孩子讲道理，孩子还难以理解，这样的教育效果也会打折扣，不妨通过讲故事的方式，把道理蕴藏在故事中，这样孩子就容易接受了。

第4招：妈妈要耐心地引导孩子

有些人认为小孩子说脏话只是觉得好玩，有的孩子甚至不知道脏话本身的意思。对此，妈妈要耐心地引导孩子。千万不要劈头盖脸地斥责孩子，否则孩子既感到委屈，又感到气愤，内心会很压抑，甚至变本加厉。

言行举止的修养不可丢

一个人在公共场所所表现出来的言行举止，是他内心世界和道德修养的最好表现。只有言行举止彬彬有礼的女孩，才会赢得别人的好感。

随着年龄的增长，孩子总会走出去，进入公共场合，与他人打交道。这时，妈妈应当告诉女孩：在公共场所要遵守交通规则，遇到熟人要打招呼，互致问候，不能视而不见；见到熟悉的人，想和他继续交谈，应该靠边儿谈话，不能站在道路当中或人多拥挤的地方；行人互相礼让，主动给长辈让路，健康人主动给残疾人士让路。还应教会女孩常使用礼貌用语，如"请问""打扰您一下""谢谢""对不起"等，还应懂得尊重他人。

法国一位非常著名的女音乐家应邀来到中国某城市演出。很多家长为了从小培养孩子的音乐细胞，特意把孩子带到音乐会场。结果，会场时时有孩子的尖叫、哭闹，时时有人起身离席出去休息、买吃的，严重干扰了这位女音乐家的表演。最后，女音乐家竟然被中国观众气哭了，导致演出终止。

场馆类封闭的场所，如果没有公共意识而大声喧哗，那么整个场面会显得乱糟糟的，让观众没有心情欣赏音乐、电影、书籍。因此，家长应该从自身做起，给孩子树立一个好的榜样，孩子才会在公共场合表现得有礼貌、有教养。如果家长自己就是一个习惯了在公共场合大声喧哗的人，那么孩子很容易像家长那样当众喧哗。

让孩子懂得在公共场合表现出自己的礼貌和教养，做到不大声喧哗，并不仅仅表现为不大声说话、唱歌，还应做到动作轻点。特别是在学习的地方，如教室、图书馆，还应注意手机、耳机等产生的噪音。

育女真经

第1招：教女儿咳嗽时要捂住嘴巴

在公共场合，咳嗽的时候用手挡住嘴巴，这个细节性的动作能够体现一个女孩的教养。妈妈要教育女儿从小养成"咳嗽时捂住嘴巴"的习惯，因为对着别人或者空气打喷嚏、咳嗽是很不礼貌的，还有可能把包括感冒病菌在内的各种病菌传染给别人。如果不小心对着别人打喷嚏后，要赶忙向对方道歉，请求对方谅解。

第2招：教女儿不要随地吐痰

随地吐痰，是一种令人讨厌的坏习惯。不仅会弄脏地板，污染环境，还容易传播细菌，损害他人的身体健康。所以，当我们有需要时应到卫生间或吐到卫生纸上，然后丢进垃圾桶，这才是礼貌的行为。

第3招：让女儿在公共场合保持安静

在共公场所，我们应该学会保持安静，这是一个人最基本的礼貌。试想一下，如果你在图书馆读书，旁边有人说笑打闹，你会如何？再比如，你在专心学习，同桌在一旁唠叨，你是不是会让他安静？所以，换位思考一下，你就会明白。

第四章

学会放手，让女孩学会独立自主

　　自卑的女孩总是看不起自己，感觉处处不如别人，"我不行""我没希望""我会失败"等话总是挂在嘴边。这样一来，她们就不敢尝试，难以独立，遇到困难和挫折，也就难以坚强地面对。因此，妈妈在女儿小的时候，应该鼓励她逐步自信坚强起来，从而成为一个真正独立的人。

每个女孩身上都有闪光点

在教育孩子的时候，父母要努力挖掘孩子的闪光点，善于发现孩子的潜力和优势，培养孩子的爱好和特长，使孩子从小自信乐观地成长起来。

兰芝是一个性格内向、不太自信的女孩。平时和同学很少说话，和同学之间的关系比较疏远。为此，妈妈很担心她会变得自闭，影响心智的健康成长。

一次偶然的机会，妈妈发现兰芝在房间里唱歌，唱得非常好听。妈妈知道女儿很有唱歌的天分，只是因为不太自信、比较害羞，很少在外人面前表演。妈妈听女儿说学校要组织演唱比赛，班里打算组织一个小合唱队，她便找到兰芝的班主任提出自己的想法。

在领唱的选拔中，班主任点名要兰芝参加，兰芝非常紧张。妈妈安慰她说："你的歌确实唱得不错，要相信自己。""但是我……"女儿还是很犹豫。"但是你害怕因为紧张而发挥失常对不对？"妈妈一语道破了兰芝的顾虑。"你放心，我和你爸爸会帮助你的。"妈妈鼓励女儿说。

为了让兰芝变得更自信，妈妈和爸爸首先充当她的听众，然后再邀请一些亲戚朋友也来当听众。随着听众人数的增多，兰芝的胆量也越来越大，自信心也越来越强。在班里举行的领唱选拔赛上，兰芝一举胜出，成为班里合唱队的领唱。

有了第一次的突破，兰芝的自信心大增。在同学们的支持下，她和合唱队的同学一起积极练习，最终在全校的比赛中获得第二名的好成绩。而通过这次活动，兰芝和同学之间的关系也有了很大的改善。

很多时候，孩子的潜能和优势不是显露在外的，需要父母用心去发现。全国著名的青少年问题专家、中国青少年研究中心家庭教育专家孙云晓曾说过："能发现孩子有 10 个优点，您是优秀的父母；能发现 5 个优点，您是合格的父母；如果一个都没发现，您就该'下岗'了。"由此可见，不去努力发现孩子的潜能和优势，而只看孩子的外在表现，就对孩子轻易下结论的做法是错误的，那样很容易打击孩子的自信心。

潜能可以说是一种与生俱来的优势，犹如埋在人身体内的宝藏。每个女孩子都拥有这样的宝藏，妈妈要做的就是去发现它、挖掘它。当你发现女儿身上的"闪光点"时，要及时指出来，给孩子肯定和赞扬，鼓励孩子将"闪光点"发扬光大。这样做能给孩子精神鼓舞，激发孩子的自信心。

育女真经

第 1 招：妈妈要善待女儿的缺点

金无足赤，人无完人，每个女孩子都有缺点。妈妈要多给女儿创造一些尝试的机会，多给孩子一些自由呼吸的空间，把发现孩子过失的精力放在问题的解决上，多给予鼓励、关怀和支持，这样才会收到事半功倍的效果。善待女儿的缺点，才会发现孩子更多的优点，才能帮助孩子更好地改掉缺点，从而增强自信心。

第 2 招：用全面的眼光看待女儿

妈妈不能只是盯着女儿的学习成绩，女儿是否自信、是否独立、是否坚强等问题，更需要妈妈关注。要知道，成长比成绩更重要，想让女儿顺利成长起来，就要重视女儿性格的培养，让女儿拥有自信、坚强、独立的品质，这样她将来才能勇敢地面对生活、面对失败和挫折。

第 3 招：妈妈不妨放大孩子的优点

当妈妈为女儿的缺点烦恼时，不妨静下心来，然后用"放大镜"去观察女儿，从头到尾，认真回味一下女儿身上至少不会令你烦恼的地方，你总会发现她身上的"闪光点"。

及时肯定女孩的每一次进步

孩子每一次小小的成功，都是了不起的进步，肯定她、欣赏她、赞扬她、鼓励她，能激发孩子强大的自信心。肯定可以用语言，也可以用点头、微笑、拥抱、竖起大拇指等动作，让孩子知道你肯定她、相信她，她就会继续努力。

著名教育家苏霍姆林斯基曾说："成功的欢乐是一种巨大的情绪力量，它可以促进孩子好好学习的愿望。"为女儿的每一次成功叫好，能让她从自己的努力中感受到成功的快乐，而这种快乐又会进一步激发她的自信心和上进心，使她在成长的道路上积极向上、不断进步。

女儿上幼儿园的时候，有一次妈妈去参加家长会，老师说："你的女儿有多动症，在座位上连三分钟都坐不了，你最好带她去医院看一看。"回家的路上，女儿问妈妈老师都说了些什么。妈妈鼻子一酸，差点流下泪来。因为全班30位小朋友，只有女儿表现最差；唯有对她，老师表现出不屑。但妈妈还是告诉女儿："老师表扬你了，说你原来在凳子上坐不了一分钟，现在能坐三分钟了。其他的妈妈都非常羡慕我，因为全班只有你进步了。"那天晚上，女儿破天荒吃了两碗米饭，并且没让妈妈喂。

女儿上小学了。家长会上，老师对这个女孩的妈妈说："全班50名同学，这次数学考试，你女儿排在第40名。我们怀疑她智力上有些障碍，你最好能带她去医院查一查。"走出教室，妈妈流下了眼泪。当她回到家里时，她却对女儿说："老师说只要你用心些，就能超过同桌，这次你同桌的数学成绩在班里排名第21位。"说这话时，妈妈发现女儿黯淡的眼神一下子充满了光亮，沮丧的脸也一下子舒展开来。妈妈还发现，从那以后，女儿温顺得让她吃惊，好像长大了许多。

女儿上了初中，又一次家长会。妈妈坐在女儿的座位上，等着老师点女儿的名字，因为每次家长会，女儿的名字总是在差生的行列中被点到。然而，这次却出乎她的意料，直到家长会结束，都没听到女儿的名字。妈妈有些不习惯，临别去问老师，老师告诉她："按你女儿现在的成绩，考重点高中有点危险。"听了这话，妈妈非常地惊喜。走在路上，她扶着女儿的肩膀，心里有一种说不出的甜蜜，她告诉女儿："班主任对你非常满意，他说了，只要你努力，就很有希望考上重点高中。"

……

孩子每次取得的进步，都是一次了不起的成功。妈妈的及时肯定，可以巩固孩子的自信。巩固孩子的信心是一个不间断的过程，当妈妈看到女儿因为不断进步而树立起信心时，千万不能以为大功告成，而要一如既往地支持和肯定女儿，鼓励她继续努力。这样才能帮助孩子形成自信的性格，使孩子在未来的道路上有一番成就和作为。

育女真经

第 1 招：善于发现女儿的努力

有时候，也许孩子所取得的结果并不尽如人意，但是其间所付出的努力和收获却是宝贵的。当孩子经过努力做一道测试题时，却没做对，许多家长只看到孩子的结果做错了，而没有看到做事过程中孩子的努力与收获。所以，建议妈妈，当你觉得孩子错了，想打骂孩子时，一定要从另一面去"发现"孩子。

第 2 招：对女儿的进步表达惊喜

在女儿成长的过程中，作为家长，要时刻关注孩子每一点细微的进步，每一个小小的闪光点。当女儿付出努力取得进步的时候，不管这个进步多么微小，妈妈也应该大声地赞扬。这是因为，一次鼓励可以换来 10 次进步。妈妈常常赞扬女儿、鼓励女儿，为女儿的成功骄傲，从小把她看成天才，她就会向着天才的目标努力，也就能取得更大的成就。

第 3 招：帮女儿总结经验，激发自信

当女儿取得了一定成绩时，妈妈可以让她总结一下，这份成绩是用多少努力和失败、挫折换来的。这样，她就能够更加珍惜自己取得的成绩，并用更多的努力来保持它。长此以往，女儿会更加自信，身上的"闪光点"也会越来越多。

第 4 招：肯定孩子，给予她成就感

想帮孩子树立自信心，就不能缺少肯定和赏识。在孩子取得进步，取得小成功的时候，妈妈的肯定能够激发孩子的成就感。

宠爱要适度，放手让女孩自己长大

不经历风雨怎么见彩虹？没有经历磨练怎能变得坚强从容？不少女

孩子经历的事情太少，见到小虫子就紧张，听到打雷就害怕，摔了一跤就哭鼻子，考了不理想的成绩就不去上学。这些脆弱的表现，一部分原因是妈妈过多的关心造成的。

女儿是用来疼的，这是很多妈妈一贯坚持的育儿原则。既然疼女儿，就要给女儿无微不至的呵护，尽量不要让女儿受到伤害。这就导致了妈妈对女儿过分呵护、宠爱，以至于女儿因为没有经历什么磨练，变得意志力薄弱，变得不堪一击。

4 岁的妙晴和小朋友玩游戏时不小心摔倒了，她没有哭泣，准备自己爬起来。正在这时，不远处的妈妈满脸惊慌地跑过来，一把将妙晴抱起，喊道："我的宝贝啊，摔疼了没有啊？"妙晴突然大哭起来。

在妈妈没有出现之前，女儿没有哭泣，有自己爬起来的意思。可是当妈妈出现了，把女儿抱起来时，女儿却大哭起来。为什么会这样呢？因为孩子从妈妈惊慌的脸上和大声的问候中意识到"摔倒是严重的事情"，这样一来，她就会产生失落、沮丧的感受，于是在妈妈的呵护下，撒娇般地大哭起来，以求得到更好的保护。

很多妈妈不明白为什么女孩胆子小，殊不知却是她们一手造成的。当初孩子怕闪电的时候，如果妈妈给她讲雷电知识，告诉她雷电不可怕，训练她的胆量，孩子就会勇敢起来。当孩子摔倒时，妈妈表现得坦然一点，不去急着扶起孩子，孩子就会从摔倒的地方爬起来。

在一些平常小事上，孩子并不需要那么多呵护，过多的呵护和保护反倒会使孩子畏首畏尾，不敢尝试。而一旦遇到不顺心的事情，就会无法面对。所以，如果你想让女儿变得坚强勇敢，就应该改变对女儿过分关心的做法，不要对女儿过分地保护，要放手让女儿去体验、去尝试，使她通过自己的亲身经历不断积累勇气和胆识。

育女真经

第 1 招：让女儿自己长大

面对孩子力所能及的事情，妈妈要学会拒绝，从小培养女儿的动手能力。这对孩子的智力发展，以及劳动习惯和良好的意志品质的培养大有裨益。女孩子虽小，但随着年龄的增长，总有一天要独立面对生活、参加工作。为此，她必须具备独立生活的能力和适应社会的能力，而这两个能力要从小就开始培养。

第2招：面对女儿求助，妈妈学会说"不"

当女孩子哭泣着要求妈妈帮她做事时，妈妈应该学会拒绝。这不仅不会伤害孩子，反而对她有所帮助，甚至会促进孩子的一生的发展。当女儿对你过分依赖或提出不合理的要求时，请放心地说"不"，鼓励引导女儿大胆的去尝试、体验、探索，去领悟生活中的乐趣。

第3招：尊重女儿克服困难的权利，让她感受挫折

女孩由于年龄小、生活经验少，碰到困难容易气馁。此时，妈妈如果总是出面帮女儿解决，久而久之，她就会形成畏难情绪和偷懒心理，从而不愿意面对困难。当她将来必须独立面对困难时，她就会显得柔弱不堪、没有勇气和毅力解决困难。所以，妈妈应该让女孩学会经受磨难，培养坚强的品质。

第4招：妈妈放手，给女儿长大的机会

当女儿遇到困难，向妈妈求助时，妈妈不妨表现得"冷漠"一点，给女儿独立面对困难的机会，让孩子认识到自己的能力可以应付所遇情况，从而克服对父母的依赖心理，锻炼独立和勇敢的性格。

每个女孩并不是十全十美的

期望是一种信任，期望孩子有怎样的表现，是因为家长相信孩子能做得到，否则，就不叫期望，而叫强求。妈妈应该明白这个道理，对孩子的期望一定要切合实际，一定要是孩子经过努力能够达到的。

有的妈妈认为，给女儿制定的目标越高，对孩子的激励作用就越强。殊不知，当孩子发现自己倾尽全力却仍然达不到目标时，很容易怀疑自己的能力，进而产生"我不行"的自卑心理，于是变得悲观起来。长期如此，孩子就容易形成自卑和悲观的性格。

慧英是父母和亲朋好友眼中的好女孩，可以说是人见人夸。一个同学羡慕地说："我们班的荣誉都让她给承包了。"言外之意，一听则明。但是，慧英却没有因为获得这些荣誉而开心，她整天都郁郁寡欢，不和同学们玩，而是埋头学习。

原来，慧英的父母对她的期望特别高，要求她每次必须考第一。一次，慧英考了第一名，但是第二名与她仅差1分。爸爸妈妈非常担心，于是千叮万嘱："你必须加倍地努力，不然别人就超过你了。"慧英表示，她很羡慕班上学习处于中等的同学，他们活得潇洒，而自己活得实在太累了。每天她都如履薄冰，生怕有哪方面做得不够好，让父母、老师不满意。

慧英的妈妈说："我知道孩子很努力、很辛苦，但我们希望她成为学习中的佼佼者，将来考上清华北大。所以，我们现在才会严格要求她，我们也是为她好啊！"

在爸爸妈妈的期望下，慧英经常强迫自己努力、努力、再努力，永远争第一！慧英上初三的时候，因精神分裂而休学了。

对孩子期望太高会给孩子增加很多心理压力，一旦孩子达不到目标，就会充满失落和沮丧，从而使孩子丧失信心，严重的还会使孩子产生心理问题。所以，父母应该适当降低对孩子的期望。否则，不但影响孩子自信乐观的性格的形成，还会影响孩子的健康成长。

育女真经

第1招：拓宽期望面，不要仅局限于智能与学业

很多妈妈对女儿的期望，局限于智能与学业，要孩子考多少分，在班里排多少名，作为衡量女儿是否有前途的标准。但事实上，衡量一个孩子成功具有很多标准。不仅是成绩好就算成功，而应德、智、体、美、劳全面发展。作为家长，要对孩子多些宽容和激励！

第2招：你的期望应与女儿的能力水平及志向爱好相符合

很多妈妈只从自己的好恶出发，形成对孩子的期望，替孩子设计一条成才之道。有些妈妈对孩子期望的高低也会出现攀比的心理，但现实

是不以人的意志为转移的。如果妈妈对孩子的期望不符合孩子的实际情况，往往会事与愿违。

明智的妈妈在对孩子有所期望的时候，先应评估一下孩子的智能特点、兴趣范围、个性特征。妈妈应该明白，有些行业上的成功，靠的不仅是智力水平，非智力因素也是非常重要的。你应该看看女儿是否具备这些非智力因素，或许你可以通过一定的培养使女儿具备。

第3招：表达适度，激发动机

妈妈对女儿充满期望的同时，还应该将期望转变为激励，促使女儿达到妈妈的期望。很多孩子知道父母对自己的期望，却没有将这种期望转变为行为。这个时候，妈妈就应该想办法激发孩子的动机，明确地告诉孩子你的期待，希望孩子达到怎样的水平。

女孩要温柔更要坚强

每个人在生活中都免不了遇到挫折和失败，女孩子也一样，挫折与失败是她们必经的路途之一。对于妈妈来说，培养女儿面对挫折和失败的勇气，适当地让女儿受点挫折是很有必要的。

美国儿童心理卫生专家指出："有十分幸福童年的人常有不幸的成年。"反过来，我们也可以说，童年的不幸也许会成就成年的幸福。"穷人的孩子早当家"这句谚语道出了一个道理，即不利的生活条件容易磨练一个人的意志品质，挫折能把一个人锻炼得更坚强、更成熟。因此，妈妈适当给女儿一些挫折教育，对培养女儿坚强的意志力很有帮助。

方女士准备带6岁的女儿去野外旅游。临行前，她对女儿说："你觉得应该带什么东西去野营呢？自己收拾一下行李吧！"

女儿收拾好行李后，方女士检查了一番，发现她带的衣服少了些，也没有带手电筒。但方女士没有指出来，想让女儿吃点苦头。

到了野外，女儿发现带的衣服少了，冷得直哆嗦。方女士就问她："你为什么带少了衣服呢？"

女儿说："我以为野外的天气和城里的天气一样，没想到这里比城里冷多了。下次再到野外旅游时，我就知道该如何做了。"

方女士说："是的，如果你先了解一下这儿的天气，出门前做好充分的准备，就不会冻着自己了。"

到了晚上，女儿没有手电筒，看着妈妈打着手电在草坪上观察小动物，羡慕极了。她主动对妈妈说："妈妈，我想到带手电筒了，但是出发时太匆忙了，就把它忘了。"

方女士说："你一定要记住，如果不细心地对待每件事，你就会尝到粗心的苦头。"

女儿说："我明白了，以后我知道该怎么做了——出门之前列个物品单子，这样就不会忘掉东西了。"

"没关系，妈妈把你忘了的东西都带来了。"说着，方女士把东西拿出来，女儿高兴地跳了起来，并亲吻了妈妈。

通过一件事情，让女儿尝点苦头，还可让女儿明白多个道理，是一个不错的教育方法。年幼的女儿第一次出游，少带了东西，这是很正常的。面对这种失误，母亲没有立即指出来，而是让女儿吃点苦头，让它既成事实，让女儿在挫折中接受教训，获得经验。

常言道："人非圣贤，孰能无过。"对于不谙世事的孩子来说，妈妈要允许他们有过失，甚至给他们"制造"一些犯错误的机会，让其在挫折中成长。日本有很多家长就是这样做的，他们提倡对孩子进行挫折教育，从小就培养孩子的吃苦能力，锻炼孩子坚强的意志品质。

有个日本孩子，把一只生馄饨塞到嘴里。一位中国朋友看见这一幕，准备去制止，没想到孩子的妈妈却制止道："别管他，这样他就知道生的不能吃了。"小孩吃了一口生馄饨，便皱着眉头吐出来了。

有个日本小孩摔倒了，先哭着求助家长，但父母不来帮忙，过了一会儿他只好自己爬了起来。中国家长"看不懂"，日本妈妈则解释道："让孩子体验挫折的滋味，他才能变得意志坚强。"

日本家长为何这么重视对孩子进行挫折教育呢？一位日本学者解释说："任何事情都要靠自己的努力去争取，挫折教育能磨练孩子的意志力，孩子在失败中能学会本领，将来他们才能自立自强。"日本家长对孩子进行挫折教育，对中国妈妈培养女孩很有借鉴意义。在女孩小的时候，妈妈适当给她们制造一些挫折和困难，让她们接受磨练，孩子就会在挫折中慢慢坚强起来。当今后遇到困难时，她们就会勇敢地面对，学会独立解决。

育女真经

第 1 招：不要让孩子过分享受安逸

现在的女孩犹如温室里的花朵，脆弱甚至不堪一击。所以，妈妈一定不能过度溺爱女儿，不要让女儿从小生活在安逸的环境中，而要适当地给女儿制造挫折，让女儿接受磨练，以此来锻炼女儿的意志品质。

第 2 招：给女儿的挫折教育要适当

妈妈给女儿设置的挫折必须有一定的难度，能让女儿产生挫折感，但又不能太难，否则她无法克服，就容易产生自卑感，不利于女儿自信心的建立。同时，女孩每次面临的难题也不宜太多。适度和适量的挫折能使她们感到挑战性，当她们攻克了一个又一个困难时，她们的自信、坚强的品质以及独立解决问题的能力才能得到培养。

第 3 招：妈妈收回自己的"保护伞"

著名诗人泰戈尔曾经说过："只有经历过地狱般的磨练，才能练出创造天堂的力量；只有流过血的手指，才能弹出世间的绝唱。"在女孩接受磨砺的最佳时期，做妈妈的应该收起自己的"保护伞"，适当给女儿制造一些挫折，使其在挫折中获得成长。

自己的事情自己做主

尊重女儿应该体现在日常生活的小事上，小至出门穿什么、吃什么，大至以后主修什么学科、选择什么行业、家务的分配及压岁钱、零用钱的分配等都由孩子自己拿主意。许多妈妈不放心，常常喜欢插手干预，结果反而弄巧成拙。妈妈不妨在一旁协助，为女儿出主意或帮忙分析，女儿会感激不尽的。

很多关于女儿的事情，妈妈应该把决定权交还给孩子。不要认为女儿小，就代替她做决定，那样对培养女儿的主见是不利的。如果女孩子没有主见，而是一味听从父母的安排和命令，她的独立性和自信心也就丢失了。

美华在三年级之前，一切关于她的事情都由妈妈包办。在学校里，老师说什么，她就做什么；同学讲什么，她就信什么。

为了改变女儿的盲从和依赖心理，妈妈为她创造了很多锻炼的机会。比如，买衣服的时候，妈妈让美华选择自己喜欢的款式、颜色；买书包时，无论是米奇卡通公主系列的，还是史努比减负系列，都由美华自己决定；买文具、课外书等也是这样。

刚开始，美华有些不适应，习惯性地问妈妈哪一种更好，妈妈就对她说："你自己决定吧，你觉得哪个好就选哪个。"

就这样，从买东西开始，美华渐渐有了自己的主见。后来，当妈妈和她意见相左，她会对妈妈说："妈妈，我认为我选的这个样式比较好，因为……"简直像个小专家一样，说得头头是道。

如果你想让女儿成为一个优秀的人，就不能忽视培养她的独立性。一个孩子想要独立，首先必须思想独立，即有独立的想法，有自己的主意，懂得自己做决定。对此，妈妈可以给女儿创造一些做主的机会，让女儿自己选择吃什么。当周末来临时，妈妈可以问女儿："你周末有什么打算啊？准备怎么玩啊？"鼓励女儿自己做规划、做决定。

育女真经

第1招：尊重孩子的自我意识

自我意识强的女孩，往往喜欢独自钻研、探索。而对父母的一些强制性做法，却表现出极强的反抗，不愿意按照大人的意愿去做事。如果事事都要求孩子按大人的意愿去做，就会压制孩子的主观能动性，易导致孩子胆小怕事，不善于创新，当然就无法自强自立。

第2招：不要强迫孩子做事情

当孩子不喜欢画画、练琴时，不要强迫。孩子的兴趣最重要，孩子不感兴趣的，即使做了也不会认真，不妨放手让孩子自己做主，选择自己喜欢的事。

第3招：尊重孩子自己的决定

妈妈对女儿的尊重，体现在给女儿发表意见的机会并支持女儿合理的决定上。这种做法并不仅意味着支持孩子的决定，同时还传达给孩子：你有决定自己事情的权利，只要你的决定是合理的，我们就会支持你。这样孩子就会感到有妈妈的信任，自信十足，独立性也会得到锻炼。

第4招：妈妈说到放手就应做到

为了使女儿能独立成长，妈妈要充分尊重女儿，把她看作是独立的个体，让她充分体验独立的感觉。只有这样，女儿的自尊心和自信心才能得到充分发展，她才能成为一个有较强独立意识的人。

让女孩参与到家庭事务中来

妈妈经常和女儿谈论家里的事情，在讨论家庭事务时，把女儿叫过来一起商量，听听女儿的意见。这样做，能培养女儿的主人翁精神，促使孩子积极地去做家务。渐渐地，孩子的独立性就得到培养。

一个没有家庭观念的孩子，是不会主动去做家务的，动手能力和独立性就得不到锻炼。因此，想要孩子积极做家务，就有必要培养孩子的参与意识。

爸爸妈妈商量新房子装修的问题时，特意把8岁的女儿茉莉叫过来，问她：

"女儿，你想把房间的墙壁涂成什么颜色呢？"

"你想把书柜和床摆在哪个位置呢？"

"你认为什么款式的沙发比较好呢？"

对于这些问题，茉莉总是积极地发表意见。虽然有些意见显得幼稚可笑，但爸爸妈妈一点都不嫌弃。对于那些比较合理的意见，爸爸妈妈会采纳，还肯定她的想法。

通过装修房子这件事，茉莉感受到了爸爸妈妈对她的重视。因此，她很受鼓舞，自信心也增强了许多。从那以后，茉莉在家里显得活跃了许多。她做完作业后，积极地打扫卫生，收拾房间，帮妈妈洗碗，变得越来越独立、越来越懂事了。

给女儿参与的机会，是尊重孩子的表现，能让女儿感到父母对她的信任和肯定。这会增强孩子的自信心，激发孩子的家庭责任意识，从而使她积极地承担家务活动。

社会心理学家约翰迪法兰和尼克史汀曾询问过 100 名学龄儿童："你认为什么样的家庭才算是一个快乐的家庭？"孩子们给出的答案不是金钱，也不是大房子，更不是大屏幕的电视机，给出最多的答案是：与家人一起做一些事。由此可见，让孩子参与到家庭事务中，会让孩子感到非常快乐。

育女真经

第 1 招：家庭事情与孩子共同商定

妈妈在繁忙的工作、家务中，应挤出时间陪女儿听故事、打球、玩游戏、旅游等。在处理家事，尤其是有关女儿的事情时，妈妈应与女儿讨论，征求女儿的意见，或直接由女儿决定。鼓励女儿为家里做一些力所能及的事情，如扫地、叠衣服、摘菜、取牛奶、送奶瓶、倒垃圾、盛饭等。有关孩子和家庭的一些事情，妈妈可以和孩子共同商定，这样可以培养孩子的参与意识和独立性。

第 2 招：让孩子充当一些有意义的角色

无论在家庭还是学校，都要想办法让女孩充当一些有意义的角色，使她感到自己的行为对集体的重要性，同时也培养战胜自己的弱点，增强自信和独立的能力。妈妈在家里可以让女儿成为自己的小帮手，比如洗菜、收拾碗筷、整理家务、打扫卫生的时候，都可以让女儿一起参加，母女一起劳动，既可以培养亲子感情，还可以锻炼孩子的动手能力，可谓一举两得。

第 3 招：多给孩子机会，让她有参与感

在家里，妈妈应多让孩子参加家务劳动，这样可以让女儿认为自己在家庭中充当着一个有意义的角色。由此，不仅可以锻炼她的动手能力，还能让她感到自己的行为对家庭的重要性，从而增强她的责任感和自信心。

兴趣培养，给女孩自主选择的机会

随着生活水平的提高，家长对孩子的教育问题越来越重视，大家都想让孩子有广泛的兴趣爱好，于是把孩子送进各种各样的兴趣班。在这个过程中，很多孩子是被动地接受那些兴趣班的，他们在学的过程中并不快乐。

每个孩子都有自己的兴趣，但是很多妈妈总喜欢站在成人的角度来看待孩子的兴趣，为了让孩子在学习中取得好成绩，将来能上一个好大学，很多妈妈喜欢根据自己的喜好去培养孩子的兴趣。把原本温馨的家庭变成了严肃的课堂，强迫孩子学习，结果却事与愿违。

梦凡的妈妈说："我家梦凡一点都不争气，看别家孩子都报了课外兴趣班，我就和丈夫商量一下，给梦凡报了朗诵、英语、声乐等兴趣班。一开始梦凡还能按时上课，后来就经常找理由不去上英语课，而现在，以前报的班一个也没坚持下来，反而还学会了旷课并偷跑到同学家去玩。钱是白花了，我真是拿她没办法。"

张女士深有同感地说："是啊，像这类兴趣班的事情啊，我们不能强求孩子的，我可不认为那些兴趣班对培养孩子的兴趣有多大帮助。与其把孩子托付给别人，还不如自己教育更有效。我没有提出要求女儿上兴趣班，我觉得尊重女儿的意愿很重要。"

虽说妈妈在培养女儿兴趣的过程中起着重要的作用，但关键还是要看孩子有没有学习的意愿。常言道"强扭的瓜不甜""强按牛头不喝水"，任何事情都是勉强不来的。妈妈应该明白这个道理，学会尊重女儿真正的兴趣，而不要让女儿"被兴趣"。

育女真经

第1招：尊重女儿，把选择的权利给女儿

在兴趣的选择上，妈妈尊重女儿的最好表现就是，在给孩子报兴趣班之前，和女儿平等协商一下，把决定权交给女儿。如果你觉得作为一个女孩子，有必要培养她对舞蹈的兴趣，想把女儿送到舞蹈班，事前就应该和女儿好好谈谈，征求女儿的意见。如果女儿对舞蹈没有兴趣，你就不要勉强她去学，因为这样做很可能既花了钱，又没效果，还会影响女儿真正兴趣的发展。

第2招：不能强迫女儿放弃某一兴趣

有些妈妈发现女儿的兴趣"不正当"时，就会反感，强迫女儿放弃。作为妈妈，当你发现女儿有"奇怪"的兴趣时，不妨先耐心地了解她兴趣背后的想法，这样才能更好地引导孩子。如果得知女儿爬树是为了看星星后，妈妈可以告诉女儿："如果你想看星星，可以到楼顶上去看，因为爬树很危险，而且很容易弄脏衣服。"相信你这样引导孩子，孩子很容易接受。

第3招：把孩子的决定权还给她

在培养女儿兴趣方面，妈妈应该多和女儿进行沟通，要看女儿真正喜欢什么，真正对什么感兴趣。孩子虽小，她也有自己的想法和喜好，有自己的兴趣。妈妈只有尊重女儿的兴趣，她才会自主地发展兴趣，才能享受追求兴趣过程中的快乐。

第五章

兴趣是多才多艺的动力

　　兴趣是最好的老师，让孩子拥有自己真正感兴趣的事情，对于她来说是一件幸运的事情。兴趣是学习和做事的动力，一个兴趣广泛的女孩，才能成为一个优秀的多面手，才能充满学习的热情和进取的动力，最终成为一个渊博而高雅的人。

培养女孩的兴趣，让生活充满情趣

兴趣是学习的动力，一旦孩子对某件事物产生了兴趣，强烈的求知欲就会进一步促使孩子主动地学习，取得事半功倍的效果。当发现女儿产生某种兴趣时，你首先要做的是尊重女儿的兴趣爱好，其次就是支持她追求兴趣。

一个没有兴趣的人，只能为了生存而复制这个世界，而不会创造出神话。想让女孩在快乐中成长，在成长中快乐，妈妈一定要先尊重孩子的兴趣，别一不小心扼杀了孩子的天赋。

小时候，谢军对国际象棋产生了兴趣。后来，她面临着一个两难选择：要么去棋队，要么继续上学放弃下棋。她想上学更想去下棋，因为她明白只要自己往棋盘前一坐，就会无比地畅快、兴奋。而妈妈，这位毕业于清华大学自控系的电子工程师，既不想让女儿断送学业，也不想因限制女儿兴趣的发展而耽误女儿。

于是，妈妈和谢军进行了一次严肃的交谈，那时谢军才12岁。妈妈问谢军："你很喜欢下棋，对吗？"妈妈当时特别严肃，严肃得让小谢军有点儿害怕，但她依然点点头。"那好，不过你要记住，下棋这条路是你自己选择的。既然你选择了下棋，今后，就要对自己负责任！"之后，谢军走向了国际象棋这条路，并取得了了不起的成绩。

试想，如果当年妈妈强迫谢军放弃下棋，硬逼她读书，压制她对国际象棋的爱好，那么，也许谢军会坐在大学的教室里，而我国就会少了一位出色的棋手。不可否认，谢军的成功与母亲的明智是分不开的。

作为妈妈，应该支持女儿的兴趣，而不是粗暴地干涉。如果你的女儿对音乐有兴趣，你强迫她学习法律；如果你的女儿喜欢画画，你却强迫她学习计算机……那么你就没有尊重孩子的兴趣，这就很容易使孩子对那些不感兴趣的东西，没心情学，学不好，而且自身的潜力也会被埋没。

育女真经

第1招：明确对女儿兴趣的支持态度

当你发现孩子的某种兴趣后，不妨明确地表示："女儿，你有某某方面的兴趣，妈妈非常高兴，希望你热爱它、发展它，希望你快乐地追求这个兴趣。"这种支持性的言语是对女儿兴趣最好的尊重和鼓励。当孩子得知妈妈的态度，就不会有所顾忌和担忧，就会放开手脚去追求自己的兴趣。

第2招：用行动支持女儿的兴趣爱好

支持女儿的兴趣爱好，并不是一种口号，明智的妈妈不仅在嘴上支持孩子，在行动上也很支持孩子。如果女儿喜欢捕蝴蝶，明智的妈妈会给女儿准备一只捕蝶网，和她一起到大自然去捕蝴蝶，并趁此机会教她一些有关蝴蝶或其他昆虫的知识。回家之后，妈妈可以教女儿把蝴蝶制成标本，然后和女儿一起对标本进行分类、存档。有机会的话，还可以给女儿提供一些图文并茂的有关蝴蝶的书籍。说不定，在这种支持下，孩子将来会成为一位昆虫学家。

第3招：兴趣对女孩的重要性

兴趣是一个人走向成功的钥匙。一个人在自己不感兴趣的事情上，是很难取得成绩的。作为女孩子也一样，她只有在自己感兴趣的事情上才会充满热情，才会全身心地投入，才会为所遇到的困难思考。因此，妈妈要尊重并支持女儿追求兴趣、发展兴趣。

给女孩的兴趣提供一个自由的环境

贫瘠的土地难以长出好庄稼，不良的家庭环境不利于孩子兴趣的培养。古人云："近朱者赤，近墨者黑。"良好的家庭环境是孩子兴趣发展的沃土，这一点对女孩的影响非常大。

只有肥沃的土壤才能长出好庄稼，只有良好的家庭环境才更有利于孩子兴趣的培养。因此，妈妈应该为女孩创造有利于她兴趣养成的环境，使孩子从小就成长在一个喜爱学习、便于学习的环境当中。这样天长日久、耳濡目染，孩子自然而然就会产生学习兴趣。

嘉玉3岁的时候，父母就给她买了很多连环画；4岁的时候，妈妈又给她买了一些童话书，之后还买了寓言、科幻小说等书。嘉玉从小就生活在书的世界，渐渐地，对书产生了浓厚的兴趣。

不管是图画书，还是纯文字的书，只要嘉玉看到书，她就会拿起来认真地翻阅。嘉玉上小学后，对阅读产生了浓厚的兴趣，她经常在做完作业后看历史、散文、诗歌。嘉玉为什么会对读书这么感兴趣呢？

原来，嘉玉家中不但书多，而且爸爸和妈妈也喜欢读书，嘉玉从小就生长在这样一个环境里，自然而然就对阅读产生了浓厚的兴趣。

父母是孩子最好的老师，在嘉玉身上，我们看到了父母对她的影响。因为父母有看书的习惯，加之父母为她创造了一个浓厚的书香之家，使得她耳濡目染，自然而然就对阅读产生了兴趣。

父母是家庭环境的一部分，是家庭环境中的人文景观，他们与家庭中的实物景观密切结合，共同营造了一种家庭氛围。有些父母喜欢打牌，一有空就在家里打牌，孩子从小就看着爸爸妈妈搓麻将、打扑克牌，久而久之，也就对这类娱乐活动产生了兴趣，长大后很容易变得像父母一样。可见，环境对孩子的影响有多大。如果你想让女儿形成良好的兴趣，就应该重视为她营造一个相应的成长环境。

日本教育家铃木曾表示，如果你希望孩子将来能对拉小提琴产生兴趣，就应当在孩子小的时候，有意识地让他多听著名的交响乐、唱片，经常带孩子去看别人拉小提琴，让孩子渐渐地对音乐产生兴趣，于是便有了自己也想拉小提琴的愿望。等孩子稍大一点的时候，你可以给孩子买把小提琴，给他一些指导和帮助，再加上孩子的练习，必然能取得很好的效果。先给孩子创造形成某种兴趣的条件和环境，使孩子有了兴趣，再让孩子接触这方面，不失为培养孩子兴趣的好方法。

育女真经

第 1 招：发挥父母的引导作用

父母的表现就是一道独特的风景，父母爱笑、热情，女儿从小受到影响，也容易养成爱笑的习惯。父母喜欢唱歌，经常哼唱小曲，女儿从小受到影响，也会跟着父母学习唱歌，哼唱小曲，慢慢地就对音乐产生了兴趣。父母爱上网打游戏，女儿从懂事的那天起，就看到父母坐在电脑前面打游戏，孩子自然而然会对网络游戏产生好奇。

正所谓身教重于言传，妈妈的表现对孩子的教育和影响也是最大的。因此，妈妈应该以身作则，才能教育孩子、帮助孩子形成良好的兴趣追求。

第 2 招：在家里布置一些实体物品

如果你想培养孩子对写作的兴趣，不妨在家里放一些类似于《读者》《小故事大道理》等书籍。你可以不将这些书整齐地摆在书柜里，而是分散开来，放在不同的角落里。孩子的好奇心很重，当他们不小心找到角落里的书时，就会带着强烈的好奇心去翻阅。当他们发现书里的内容不错时，就会继续读下去，从书中受到了积极的影响和启迪，慢慢就对这类书籍产生了兴趣。久而久之，在写作方面就不再犯难了。

第 3 招：正确营造家庭环境

妈妈应该明白，家庭环境主要由两部分因素组成，第一是父母的表现，第二是家庭内部的实物环境，两者结合在一起便能形成家庭氛围。想让家庭环境对孩子的兴趣培养有利，就需要从这三方面努力，这样才能营造良好的家庭环境。

给女孩一个自由想象的空间

好奇心人皆有之，女孩的好奇心更是非常强烈。这种好奇心是她们了解新知识、学习新技能、培养兴趣的驱动力，因此，妈妈可以充分利用女孩子的好奇心来培养她们的兴趣。

伟大的物理学家爱因斯坦曾对传记作家塞利希说："我没有什么特别的才能，不过喜欢刨根问底地追究问题罢了。"可见，正是爱因斯坦对于不解的问题的强烈好奇心，促使他怀着浓烈的兴趣去探知未知世界。

牛顿对一个苹果产生好奇，然后产生了研究的兴趣，最后发现了万有引力；瓦特对烧水壶冒出的蒸汽十分好奇，继而产生研究的兴趣，最后发明了蒸汽机；伽利略对摇摆不定的吊灯产生了好奇，继而产生了了解、研究的兴趣，最后发现了单摆。还有那神奇的潘多拉盒子，之所以那么有吸引力，是因为宙斯说不能打开……

无数事实证明，好奇心促使人们对未知的世界产生了兴趣，从而发现了前所未有的发现，促进了人类的进步。没有哪个孩子没有好奇心，女孩子同样有强烈的好奇心。当她们对某种东西表现出好奇时，正是妈妈培养她们这方面兴趣的时候。

静秀是某市第四届十佳少先队员。她看起来文文静静的，但对新鲜事物有着强烈的好奇心。小时候，静秀拿到什么玩具都想拆开看看。静秀的妈妈非常明智，从来没有责怪她，只是说："你怎么拆开的，就怎么再装上。"

在妈妈的支持下，静秀每次玩玩具都特别小心，把拆开的零件按顺序放好，琢磨完后再重新组装起来。就这样拆了装，装了再拆，从中发现了玩具小汽车的制造"秘密"。

后来，妈妈特意收集一些破旧的电器，给静秀当作实验的材料。每次静秀都会兴奋地将破旧电器拆开，然后想办法找出电器不能使用的原因，再把坏电器修好。

有时候静秀会遇到难题，妈妈看在眼里，急在心里。后来，妈妈给静秀买了相关的电器修理的书籍，静秀如获至宝。经过阅读后，静秀学到了很多电器修理的知识。慢慢地，静秀的修理技术越来越好，邻居家有电器出问题了，静秀都会积极帮忙，深得左邻右舍的好评。

生活中，有的女孩子喜欢拆东西，喜欢不停地问为什么，如果妈妈没有了解这是孩子的好奇心使然，就很容易将孩子的行为当作淘气、捣乱的表现，就有可能采取批评和冷漠的态度，这样就会扼杀孩子的兴趣，挫伤他们求知的积极性。

有些妈妈经常说："孩子提问，别去理他，问来问去，烦死人了……"殊不知，爱提问的孩子拥有强烈的求知欲望和探索精神，孩子爱提问，是因为好奇心的驱使。如果妈妈懂得抓住孩子的好奇心，引导孩子对相关事物产生兴趣，那么妈妈就不会为孩子的提问而感到烦，而是为孩子的兴趣发展感到高兴。

育女真经

第1招：引导孩子观察新事物

好奇是孩子的天性，有了好奇，就有了探索未知事物的强烈欲望，这也是对未知事物的一种兴趣。妈妈在发现女儿对某种事物产生兴趣后，应该加以引导，使孩子的兴趣越来越浓。当你引导孩子观察大自然的一草一木时，不仅满足了孩子对新鲜事物的好奇心，更是激发了孩子探究的欲望，培养了孩子的兴趣。

第2招：经常给女儿提供新鲜玩意

妈妈经常让孩子接触新事物，对激发孩子的好奇心、挖掘孩子的兴趣有很大的帮助。由于孩子没有那么多机会到外面去观察世界，爸爸妈妈也不可能经常带着孩子出去，另外爸爸妈妈要上班、孩子要上学，鉴于这些原因，妈妈可以经常给女儿提供一些新鲜的玩意，如爸爸妈妈到外地出差，在当地发现一个很新鲜的东西，就给女儿带回来，或许女儿看了之后就充满了兴趣。然后，妈妈再对女儿的这种兴趣进行引导和培养，使孩子真正形成这种兴趣。

第3招：培养女儿兴趣的稳定性

我们知道，孩子的兴趣往往比较广泛，但是也非常多变。他们往往今天对这个感兴趣，明天却对那个感兴趣，朝三暮四，兴趣缺乏持久性。还有的孩子在发展兴趣的过程中一碰到困难就想放弃，想学其他较容易的，这样做只会一事无成。

妈妈要努力教育女儿，将兴趣长时间地保持在某一对象或某些对象上。只有持久而稳定的兴趣，才能成为一种巨大的驱动力，才能经受艰苦的环境考验，才能进行富有创造性的劳动，最后取得良好的成绩。

第4招：培养女儿发问的好习惯

妈妈应善于从女儿好奇的事物中挖掘出女儿的兴趣爱好，尽量耐心地为女儿解答。要知道，伟大的发明家爱迪生小的时候就有非常强烈的好奇心，他的母亲充分肯定了他的发问精神，并加以培养，使他有了伟大的成就。

女孩的灵性从音乐培养开始

音乐是一种情感艺术，即便是一首最简单的儿歌，也饱含了丰富的情感，表达了一定的思想内容。欣赏、学习音乐，对陶冶女孩的情操、培养女孩的情绪调节能力、开拓女孩的思维等，有很大的益处。

音乐是人生必不可少的组成部分，每个人都需要一定的音乐爱好，作为女孩子更是如此。为什么这么说呢？

首先，音乐能够陶冶女孩的情操。一首动听的歌曲、一段优美的旋律，能让孩子心旷神怡，从中享受乐趣、体会快感。

其次，音乐可以提升女孩的素养。音乐才能是一种重要的能力，也是才能的重要组成部分。在我国的不少地方，就有对山歌的习俗。

再次，音乐可以抒发孩子的情感。记得有一首歌叫《我多想唱》，虽然表达的是一种想唱而不敢唱的情感，但其实还表达了一种希望通过音乐来抒发情感的愿望。每个人都有喜怒哀乐的时候，通过音乐来抒发内心的感受，能促使心态平和。

最后，音乐可以缓解女孩的压力。现在的孩子承受着较大的学习压力，在这种情况下，父母让孩子欣赏一下优美的音乐，对缓解学习压力很有帮助。

综上所述，妈妈有必要引导女儿对音乐产生兴趣。而且越早让孩子接触音乐，越有利于孩子对音乐产生兴趣。如今有很多妈妈，在怀孕的时候就开始进行音乐胎教。这样做一方面是提高孩子的智力，另一方面也是为了促使孩子尽早地接触音乐。

很多妈妈都有培养女儿音乐兴趣的意识，有的妈妈说："现在，我给女儿报了钢琴班，有空还会带她去听音乐会，倒不是希望她将来成名，就是觉得一定的艺术修养对女孩的成长很有好处。"有的妈妈则表示："我让女儿学乐器，并不是要求她一定要掌握什么技能，只是想培养她的气质和艺术修养。"

妈妈们有这样的教育意识，无疑是科学的、合理的。音乐作为一种表达心灵感受的语言，并非一定要变成孩子成功、成名的特长，它完全可以成为一种休闲娱乐的工具，成为陶冶情操、修养身心的营养品，让女孩拥有一种与众不同的灵动气质。

但随着音乐教育的普及，家长们也产生了无数的烦恼。有的妈妈表示："想让女儿近早接触乐器，可又担心孩子不感兴趣，没有天分。"有的妈妈说："乐器的种类太多了，真不知道哪一种最适合我的女儿。"还有的妈妈说："花了血本买钢琴，初学钢琴时孩子很好奇，有很大的兴趣。可是，枯燥的学习使孩子很快就产生了抵触情绪。"

育女真经

第1招：学习音乐不一定要有音乐天赋

一般来说，有音乐天赋的女孩往往表现出下列特征：喜欢听音乐、喜欢唱歌；能准确地定音；容易记住曲调，还能顺利唱出或演奏出这个曲调；能很快地学会识谱；善于发现生活中简单的乐器等。

虽然天赋对于孩子学习音乐有很大的影响，但这并不代表没有音乐天赋的孩子就无法学习音乐。妈妈没必要把学习音乐看得那么严肃，因为音乐更重要的是给孩子带来快乐，并提高孩子的艺术修养。

此外，如果妈妈有意识地在孩子6岁之前，注重对孩子的天赋加以引导，有助于为孩子日后学习音乐奠定良好的基础。试想，如果孩子从小生活在一个充满美妙音乐的环境中，她的节奏感和对音乐的感悟力就会获得很大的提升。

第 2 招：正确引导，选择适合女儿的乐器

小孩子学东西，经常只有三分钟热度，想让她有信心地学下去，选择合适的乐器很关键。在选择乐器时，儿童音乐教育专家提出了这样一些建议：

3 岁以下的孩子，肺活量小，不适合学习吹奏乐，因此最好不要选择吹奏类的乐器。4～5 岁的孩子，可以开始学钢琴、电子琴、手风琴等键盘乐器，而学习弦乐器。一般来说，学习键盘乐器一年，基本掌握了音准和节奏感后，再转学弦乐器会更好。5 岁半以后，可以让孩子学习小提琴、古筝等。

在帮助孩子选择乐器的时候，妈妈要尊重女儿的兴趣。因为兴趣是孩子学习动机的主要来源，妈妈不能把自己的意志强加给孩子，强迫孩子学习。这样做，只会适得其反，很容易使孩子对学习乐器感到厌倦。

第 3 招：延迟满足，让女儿珍惜学习的机会

有的妈妈抱怨："我给女儿买了小提琴，她拉了几下就嫌太累了，然后就不拉。后来，她又想学习钢琴，我也给她买了，可她学了两天就要放弃，孩子怎么这么没长性啊！"其实，妈妈的烦恼缘于这样一个原因——让孩子的意愿太容易得到满足。

很多事实证明，孩子越是轻易得到的东西，往往越不珍惜。因此，希望培养孩子音乐兴趣的妈妈，一定要学会延迟满足孩子对乐器的购买要求。

第 4 招：兴趣源于玩乐，切勿逼迫

培养女儿的音乐兴趣要注意循序渐进，不可急于求成，不能用成人的标准来要求孩子。如果在孩子没有兴趣时硬逼孩子，只会适得其反。妈妈不妨让女儿在玩中学，当女儿有了点滴进步时，要及时鼓励表扬。

培养女孩的审美能力从绘画开始

绘画是一种观察力的表达，是内心情感的抒发。它可以培养孩子的想象力、观察力、记忆力，提升孩子感悟美的能力。培养女孩对绘画的

兴趣，有助于女孩更好地感受生活的美好。

女孩学习绘画，对培养她的气质有非常重要的作用。绘画不仅仅是让孩子在纸上画东西，更重要的是通过绘画，培养孩子的能力。同时，绘画还能让"小公主"敞开心扉，使她在绘画中抒发内心的想象和情感。通过绘画她能把自己对周围世界的认知表现出来，从而培养孩子的审美情趣和修养，尤其是在培养毅力、耐力等方面，更是功不可没。

很多从小培养孩子绘画兴趣的妈妈对此感慨颇多："在女儿接触绘画的时候，她养成了仔细观察的习惯，生活中的花开花落，她都会第一个发现。""女儿不到4岁就开始接触绘画。现在，她的审美能力得到了很好的培养。她不仅可以自己搭配服饰，还经常指导我的着装问题：妈妈，你应该穿短裙，长裙把你修长的小腿遮住了。"

由此不难看出，在绘画的过程中，女孩的审美能力、观察力得到了很大程度的提高。因为绘画之前，要学会观察美、体悟美，才能在绘画中展现出生动形象的视觉盛宴。女孩在刚开始对绘画感兴趣时，画画的时候往往只停留在形象片面、单调的层面上。这时，妈妈可以因势利导，引导孩子发挥想象，因此鼓励孩子涂鸦是必须的。

女孩在一岁半的时候，妈妈就可以鼓励她尝试着乱涂乱画，这是孩子画画的起步。当然，此时她并不懂得如何表现，只是把随意涂画当作一种游戏。这是涂鸦阶段。这个阶段的孩子对涂鸦感兴趣是天性使然，因为这种"无拘无束、自由自在"的涂抹能带给她快乐，所以，她自然就乐此不疲。

在这个过程中，妈妈不必过多地干预，但可以在旁边鼓励——"女儿画得挺好的"。当女儿不画时，你要指导她收拾纸笔，为今后正式学画养成良好的习惯。如果妈妈对女儿涂鸦干预过多，要求过高，往往会让孩子受打击，也让自己失望。这样一来，孩子的兴趣就慢慢淡薄，到最后就不肯拿笔画了。

当孩子经过一段自由自在地涂涂画画时期后，妈妈可以指导孩子观察身边的事物，然后把它画下来，把孩子从盲目地"画"着玩诱导到绘画活动中来，教孩子画自己喜爱、感兴趣的东西。时间长了，孩子就会渐渐对绘画产生兴趣。

育女真经

第1招：不管孩子画得如何，请赏识孩子

一般来说，孩子到了三四岁时，喜欢到处乱涂乱画，而且女孩的"涂鸦"欲望往往比男孩更强烈。其实，这正是孩子学习绘画的启蒙阶段。妈妈在孩子绘画的启蒙阶段的态度如何、采取的方法如何，直接关系着孩子今后绘画兴趣的浓厚。

当女儿对画画表现出兴趣时，刚开始她最需要肯定和赞赏。如果你能赏识女儿、支持女儿，给女儿恰当的肯定，女儿就会受到很大的鼓舞，这样可以使女儿对绘画表现出更大的热情和兴趣。

第2招：带孩子接触大自然，引导她多观察、多感悟

绘画需要素材，想象力也需要素材。因此，想让女儿的画富于艺术气息，就应该让她多关注生活、关注大千世界。比如，经常带女儿到大自然中去观察花鸟虫鱼，女儿就会有更多的绘画灵感。

你可以带着女儿到广阔的天地里去寻找和观察一切美丽的东西，比如园林美景、潺潺溪流、烂漫山花、欢快虫鸟，这些可以为孩子积累绘画灵感和素材。你可以和女儿坐在草地上，让女儿闭上双眼，静静感受大自然的神奇、感悟大自然的美。

你可以给女儿安排一些明确的观察任务。例如，带女儿去动物园看老虎时，妈妈可以要求女儿观察老虎的颜色、条纹、眼睛的形状、尾巴的长度以及老虎怒吼时露出几颗牙齿等。当女儿接触的事物多了，便能引发更多的思考和想象，就会有更多的绘画热情。而教会女儿学会观察，则是提高绘画能力最有效的途径。

优雅的舞姿需要一个展现的舞台

每个女孩都是天生的舞者，她们在很小的时候，常常手舞足蹈、蹦蹦跳跳，以此来表达内心的情感；她们梦想着有朝一日，成为舞台上闪

耀的明星。身为母亲，应该要懂女儿的心，要尽可能让女儿对舞蹈产生
兴趣。

很多女孩子在很小的时候，曾经做过这样的"梦"：穿上薄薄的纱裙，戴上美丽的佩饰，在荧光灯闪烁的舞台上翩翩起舞……舞蹈给女孩带来了美丽气质、强健体力、坚强毅力、丰富的想象力。可以说，舞蹈对女孩来说有着非常重要的意义。

具体来说，舞蹈能给女孩子带来这样一些好处：

首先，促使孩子形体优美。孩子小时候经过舞蹈训练，如挺胸、抬头、收腹等，能使她们站得直，形体优美，还可以纠正驼背、端肩等形体问题。

其次，促使孩子动作协调。舞蹈需要身体各部位协调配合，这可以锻炼孩子的动作协调性，使孩子更有节奏感。

第三，可以增强孩子的肢体灵活性、柔韧性。经过一段时间的舞蹈训练，孩子的力量控制、稳定性、耐力等方面的身体素质都会得到提高。

第四，可以培养孩子的审美情感。舞蹈通过音乐、动作、表情、姿态表现内心世界，可使孩子的艺术感受力得到熏陶，使她们热爱生活，并能欣赏美、体验美。

第五，可以培养孩子的自信心。舞蹈能培养孩子的表演能力，孩子经过锻炼后不容易怯场，表现力强，拥有更好的心理素质。

总而言之，女孩练习舞蹈，是修炼气质所必备的，可以使女孩变成一个有气质、高雅的人。因此，如果你想让孩子成为一个多才多艺、极具个人魅力的女性，就应该从小注重培养孩子对舞蹈的兴趣。

育女真经

第 1 招：发现并培养女孩的舞蹈天赋

一般来说，一个女孩是否有舞蹈天赋，是可以通过她的日常表现观察出来的。具有舞蹈天赋的女孩，在 4 岁之前，就会有所表现。比如，她会对舞蹈充满兴趣；她的动作协调、轻盈、优美、灵活；她的动作与音乐一致；她的脚走、跑、行进、跳跃时，富有节奏感，灵活自如；她

能利用手和手臂的结合，做出多种动作；她喜欢模仿演员的肢体动作；她喜欢看舞蹈节目；她愿意与小朋友一起表演等。

当然，如果你的女儿没有表现出舞蹈天赋，你可以在日常生活中加强培养，使其对舞蹈产生兴趣。比如，经常让女儿观看少儿舞蹈表演节目，使孩子有机会感受舞蹈的美，引起她对舞蹈的兴趣。

第2招：让孩子在音乐中感受节奏感

有的女孩由于性格内向，不好意思跳舞。这时候，妈妈可以利用音乐来刺激孩子自觉地动起来。作为妈妈，可以一边唱歌跳舞，一边讲故事，并配上动作。另外，妈妈还可以让女儿与自己边听音乐、边拍手，通过有节奏的音乐唤起女儿的情感，拨动她的心弦。这种方法往往很奏效，女儿见妈妈欢快地唱着、跳着，也会慢慢地受到影响，继而和妈妈一起欢悦地跳舞。

第3招：妈妈要鼓励孩子坚持下去

由于女孩的定力和吃苦能力不强，她学了一段时间的舞蹈后，就会因为苦累而产生退缩心理。这时，妈妈不要轻易改变自己的决定。妈妈可先肯定孩子一直以来在舞蹈学习方面的成绩，使孩子有一定的自信后，继续坚持下去。

第六章

你的圈子，就是你的未来

　　和谐的人际关系是一个人最大的资本。培养女孩的交往能力，她才能在今后与人打交道的过程中表现得游刃有余，从而拥有良好的人缘，才能受到他人的欢迎，这样她才会生活得快乐。

不腼腆的孩子人缘好

腼腆、害羞是人际交往的障碍，会直接影响孩子与人沟通的效果，使孩子在今后生活中很难享受到人际交往带来的快乐。因此，妈妈要努力帮助女儿纠正腼腆、害羞的毛病。

人们有时形容男孩"你怎么像个姑娘一样"，从这句话中不难看出很多男孩确实有羞答答的特点。比起男孩，女孩更容易害羞，这是一个不争的事实。相信很多妈妈也深有体会，在我们身边经常有这样一些不解的声音：

"我家女儿太腼腆了，让她在亲朋好友面前唱歌、跳舞、讲故事，她总是低下头，紧张得半天开不了口。"

"我的女儿从小就害羞，家里来了陌生人，她就会躲在我们背后，藏起来。"

"我女儿在幼儿园里不敢表现自己，回答问题不积极，不主动找小朋友玩……我问她为什么？她总说不好意思，但她在家里却非常活泼。"

很多女孩在家里活泼大方、能说会道，可是到了别人家里或碰到陌生人，就会局促不安、羞答答地不知道该怎么办。对此，妈妈觉得很无奈："这孩子，在家里挺能的，怎么出去就变样了？"

腼腆、害羞是逃避行为的常见形式之一，其表现是多种多样的。在日常生活中，我们常常会看到这样的现象：有的女孩在路上遇到熟人，会因害羞故意躲避；有的女孩不敢在大庭广众之下讲话，一讲话就会脸红舌硬。上述情况在心理学上称为羞怯心理。对于害羞的女孩，妈妈要多加关注、多加引导，不要乱给孩子"贴标签"。

有位妈妈每次带女儿出去，都会提前给女儿打"预防针"：见到叔叔阿姨、爷爷奶奶要主动问好，要积极回答别人的问题……可是，女儿根本做不到。若有巧遇，她会把头转向别处。如果对方是高大的男性，她会趴在妈妈身上不敢看对方。这时，妈妈总是说"这孩子真害羞"。渐渐地，女儿认同了这个标签。

殊不知，当孩子认同了"负面标签"时，就会认为自己就是这个样子了，以后她还会利用这个标识来逃避不喜欢的人——这时，害羞就成了女孩的一种有意识的行为。因此，正确的做法应该是鼓励孩子，让孩子找回自信，这样孩子才有可能变得开朗大方。

育女真经

第1招：创造平等和谐的交往氛围

妈妈不能总在孩子面前摆出"师道尊严"的面孔，更不能经常训斥孩子。家庭中的大事，可以尽可能多地让孩子知晓，有些事情可以让孩子"参政议政"。当一些事情涉及孩子时，妈妈更应该听听孩子的意见。这样一来，孩子的参与意识就会增强。在与父母的沟通和交流中，孩子就会慢慢放开自己。当她与同龄人交往时，也就不会那么害羞了。

第2招：鼓励孩子大胆地走出家门

想让女孩不那么害羞，家长应该尽可能多地为孩子打开生活空间，可适当地带孩子进入自己的社交圈。有空的时候多带孩子去儿童游乐场玩，当你的孩子看到其他孩子很大胆、玩得很开心时，她也会受到感染。然后你再寻找机会，鼓励孩子主动与陌生的小朋友搭讪。这样的机会多了，孩子就会慢慢变得大胆起来。

第3招：家长要多关怀、鼓励孩子

当孩子显得羞答答但又想表现自己时，妈妈要及时给孩子鼓励和关怀。即使孩子在妈妈的鼓励下没有付诸行动，妈妈也不要责怪她，要尽可能给孩子积极的评价，绝不能用"你真害羞"之类的话给孩子泼冷水，这样会打击孩子的自信心。

第4招：切忌在言行上给予孩子消极的暗示

有些女孩只是比较含蓄内敛，但因妈妈在别人面前不断重复"这孩子太害羞"的暗示后，再加上亲戚朋友的不断议论，她就真的变得害羞起来。因此，妈妈一定要注意，不要在言行上给孩子消极的暗示。

热情的女孩人缘好

热情是人际交往中不可或缺的，有了热情，才能营造热烈的气氛。如果孩子总是冷冰冰的，说话不温不火，做事不紧不慢，就会给人一种冷漠的感觉，这绝对是女孩与人交往过程中的障碍。要想孩子获得好的人缘、获得快乐，妈妈就要想办法清除这个障碍。

生活中，有些女孩不爱笑，不爱和人打招呼，说话的语调、表情始终都一个样。尽管她们内心善良，外表纯真，但仍然会给人留下冰冷的印象。她们就像一池冰冷的湖水，让人无法接近、无法融入。

凌雪的爸爸妈妈都是文化人，平时在家的时候，总习惯于伏案看报、看书或工作，很少和凌雪谈心、聊天。爸爸经常板着一副严肃的面孔，在家里他说的话，凌雪只能洗耳恭听，没有发表意见的权利。妈妈是个工作狂，她宁愿在工作上花掉 1 个小时，也不愿意花 10 分钟与女儿交流。因此，凌雪的家庭氛围非常沉闷。

爸爸妈妈都是沉默寡言的人，如果没有事情要说，即使和凌雪在一起待上一天，他们也说不了几句话。刚开始，凌雪还有兴趣和妈妈谈谈自己在学校的事情，可后来她发现妈妈对她的事情根本不感兴趣。慢慢地，凌雪便学会了沉默。

在课堂上，凌雪很少主动举手回答问题，偶尔被老师叫起来回答问题时，她也只有三言两语。老师知道，她并不是不知道问题的答案，而是她不想说话。在课间休息时间，其他同学三三两两聚在一起有说有笑，打打闹闹，可凌雪却一个人呆呆地坐在座位上。偶尔有同学和凌雪聊天或讲笑话，她总是很冷淡。渐渐地，大家都不愿意和凌雪说话了。凌雪在班级体这个热情的海洋里，仿佛成了一座孤岛。

内心冷漠的孩子很难深入到学校的集体生活中，难以和老师、同学心灵相通，体验不到集体活动的乐趣，更无法体会结交朋友的快乐。他们内心充满孤寂、凄凉和空虚，从而阻碍其心灵的健康发展。

因为冷漠，孩子的热情和活泼的天性被压抑，心灵变得麻木。拥有冷漠心态的孩子容易把自己从人与人之间互相依赖的密切联系中割裂开来，以一种不以为然的、讥讽的、嘲笑的眼光看待人际交往，形成"事不关己，高高挂起"的生活态度，成为玩世不恭、消极混世的自怜者。

其实，冷漠是一种情感的萎缩，孩子冷漠的背后是爱与被爱的缺乏。改变冷漠要从身边的小事开始，比如，每天多和孩子聊聊天，多给孩子一个微笑，多给孩子讲一个关于热心的故事等。这样做，可使孩子得到爱与感受到热情所带来的充实和快乐。

育女真经

第1招：给孩子感受"热情"的机会

如果妈妈经常给女儿讲朋友被骗的故事，教育女儿不要和陌生人说话，那么孩子就会对陌生人失去好感。当她与陌生人接触时，就会表现得异常冷漠。因此，妈妈应该多让女儿看到社会生活中一些美好的事物，比如带孩子参加拯救灾民的义演活动、"希望工程"的助学捐款活动等，使孩子受到热情的感染。

第2招：营造富有人情味的生活氛围

环境对孩子的成长有很大的影响，这里所说的环境，包括家庭环境和社会环境。如果女孩从小就生活在富有人情味的家庭环境里，能感受到父母的爱和关怀，能感受到身边的人的痛苦，了解别人的需要，并且在别人需要时主动伸手援助，那么，她就不容易变得冷漠。当孩子主动与人打招呼、主动将自己的玩具给哭泣的小朋友玩时，妈妈要及时表扬这种热心的行为，让孩子继续保持与人交往的热情。

鼓励女孩走出家门扩大朋友圈

对于女孩来说，集体就是班级、小组、少先队、学校以及假期里的活动小组。鼓励孩子在这些集体中学习、生活，与其他孩子交往，有助于孩子逐步形成集体主义的意识。所以，妈妈应该努力创造条件，鼓励孩子参加集体活动。

每个妈妈都希望女儿学习成绩优异，为此经常督促孩子抓紧时间学习，这可以理解。可是，有的妈妈却在重视孩子学习成绩的同时，过多地限制孩子参加集体活动，比如反对孩子与学习成绩不好的孩子来往。这样会减少很多孩子与人交往的机会，甚至会错过一些令人愉悦的集体活动。

有一天，10岁的梦秋告诉妈妈，班里有个女同学要过生日，邀请她参加周末的聚会，还要一起出去玩。然而，这个请求遭到了妈妈的断然拒绝。妈妈表示小孩子不能早早就参加聚会，因为那个环境会把人带坏。梦秋很不高兴，结果妈妈就批评她只知道玩，不积极学习。

但是，梦秋不想放弃这次集体活动。于是，她借口学校要补课，从家里"逃"了出去。那天上午，梦秋和同学们在聚会上玩得特别开心。当天下午，他们还一起去动物园玩，一直玩到动物园快要关门的时候才回家。

回到家里时，梦秋发现妈妈已经等候她多时。原来，妈妈发现女儿中午没回家，就去了学校，发现学校根本没有补课，于是就想到女儿一定是参加同学聚会了。因此，梦秋回家后，被妈妈痛骂了一顿，妈妈还打了她，说她学会了欺骗。

后来，同学们知道了梦秋因为参加集体活动而挨了打，都表示以后有活动不再叫梦秋参加，以免影响她和父母的关系。这让大家减少了与梦秋接触的机会，而梦秋也有被集体抛弃的感觉，经常闷闷不乐。

生活中，有些妈妈没有意识到集体活动对孩子的重要性，不希望孩子参加太多学生自己组织的活动，尤其是同学聚会。她们认为，"只要学习成绩好，同学老师就会把他当个宝，朋友自然少不了"。其实，这种想法是不对的。成绩优秀固然讨人喜欢，但是如果女孩只知道死读书，而对集体活动不闻不问或很少参与，就会失去锻炼交往能力的机会。

女孩的学习和成长离不开集体，不论是班集体还是伙伴之间的小团体，都是女孩成长的舞台。当孩子和集体中的成员打得火热时，她就能在集体中找到归宿感，这样孩子才不会有被集体抛弃和冷落的感觉。没有哪个女孩可以成为一个孤独的快乐者，孩子不可能在人生舞台上独舞，因为她的喜怒哀乐需要与大家分享和交流。

在这个独生子女居多的社会，孩子缺少了与兄弟姐妹的交流机会，更需要与集体中的伙伴交往。因此，鼓励孩子积极参加集体活动显得尤为重要。让孩子对集体活动充满热情，有助于孩子融入集体，锻炼人际交往能力。

育女真经

第1招：为孩子创造共同活动、共同体验的环境

给孩子提供必要的玩具、游戏材料、游戏环境与游戏时间，让孩子与小伙伴们通过游戏交往，鼓励他们参与社会、学校及班级组织的各种类型的活动。妈妈还可以利用节假日带孩子游园、踏青、走亲访友等，有意识地给孩子创造与集体接触的机会，增进孩子对集体活动的认识与了解，提高孩子参与的热情和积极性。

第2招：引导孩子在集体活动中发挥主动性

根据孩子的能力、爱好、兴趣、特长来组织集体活动，让女孩在活动中展现自己的个性。鼓励女孩和同伴之间互相打气，相互协助。妈妈应该明白，集体活动能够体现孩子间的友谊，能给孩子提供发挥特长、帮助别人、服务集体的机会。因此，越是鼓励孩子在集体活动中发挥主动性，孩子的能力越能得到发展。

第3招：帮助孩子建立友情，培养合作能力

平时，家长可以和孩子玩合作游戏。比如"两人三足"、赛跑、下棋等，让孩子懂得有些事需要合作才能完成。接着，可以让孩子自己找朋友，跟小朋友一起活动，通过同伴的热情与积极性感染孩子、影响孩子。另外，在集体活动中还要给孩子提出具体的要求，分配具体任务，活动项目也应利于孩子间的合作。

第4招：鼓励女孩积极融入集体

妈妈应当鼓励孩子参加集体活动，耐心聆听孩子活动后的感受，引导孩子在集体活动中遵守纪律、团结互助、勇挑重担，从而帮助孩子克服狭隘自私、害怕吃亏等思想。

吃亏是福，与人交往要大度

在生活中，当女孩遇到一些对她不友好的人时，如果她不用不友好的态度回应别人，而是以友善的态度尊重对方，这样就会赋予她独特的人格魅力，有助于她获得好人缘。

每个人都希望自己走到哪里都受人欢迎，但这只是一种美好的愿望，因为现实中我们不可能让所有的人都满意。同样的道理，女孩也会遇到不喜欢自己的人。作为妈妈，你是让女儿逃避那些不喜欢自己的人呢？还是让她学会与他们交往呢？

有的妈妈会对孩子说："别人不喜欢你，那你就别和他交往，何必找气受！"有的妈妈会鼓励女儿说："别人不喜欢你，你也应该以诚相待，争取被别人喜欢。"有位母亲就选择了后面那种教育方式，她在女儿 10 岁那年，给女儿讲了一个故事，告诉她要学会与不喜欢自己的人相处，故事是这样的：

在美国的一个小镇上，有一家咖啡店，主要销售饮料和咖啡。身手利索的女招待安娜是这家咖啡店里的招待员。一天，在咖啡店客流高峰的时候，一个叫露西的女孩走了进来，她找了一个座位，坐在那里耐心地等待安娜来招呼她。片刻之后，安娜匆忙地过来了，她问露西："你需要什么？"

露西问："一杯带冰淇淋帽的甜饮料要多少钱？"

安娜说："75 美分。"

露西把手上所有的硬币数了一次，接着又数了好几遍。安娜失去了耐心，她转身离开了，去照顾别的客人。

过了一会儿，安娜过来了，有些不耐烦地对露西说："钱数好了吗？"

露西说："我刚好有 75 美分，不过，如果我只要一杯甜饮料，不要上面的冰淇淋，那需要多少钱？"

这时，安娜的脸色变得有些难看，她用生硬的语气告诉露西："那需要 50 美分。"

露西说："那好，就请你给我来杯甜饮料。"

安娜一声不吭地将饮料递给露西，然后拿着钱转身走开了，她听到身后的露西有礼貌地说："谢谢。"

忙完了一阵后，安娜再去注意那个女孩时，发现她已经离开了。于是，她过去收拾桌上留下的空杯子。当她拿起杯子时，发现了一枚 25 美分的硬币在杯子下面。原来这是露西省下来留给她的小费。

身为妈妈，应该告诉女孩："当别人不尊重你、不喜欢你时，你不应该用同样的态度对待别人，而要学会以德报怨、以诚相待。因为如果你用同样的方式对待别人，那么很难改变你在别人心目中的印象。但是，如果你用真诚friendly的态度尊重对方，那么对方会为自己的行为感到惭愧，对方冰冷的心也会被你感化。这时，你在对方心目中的印象就变了，变得让他肃然起敬。"

值得妈妈注意的是，教女儿尊重不喜欢自己的人，并不是讨好别人，也不是为了让别人感到惭愧，而是为了给人留下好印象，让别人自然而然地喜欢自己。

育女真经

第 1 招：让孩子懂得与不喜欢自己的人相处的必要性

在这个以貌取人的社会，遇到不喜欢自己的人很正常，但我们还是要以诚待人，尊重别人就是在尊重自己，只有这样才能拥有良好的人际关系。由此可见，学会与自己不喜欢的人相处是一种必然。

第 2 招：让孩子明白与不喜欢自己的人相处的好处

当你的女儿向你提问"为什么有人讨厌我"时，你可以告诉她：有人不喜欢你，说明你有不完美的地方。这就是你进步的空间，需要你不断完善自己。因此，如果你能正确对待别人的不喜欢和不接纳，那么就能获得一份积极进取的动力。当然，让别人喜欢你的孩子，并不是要她改变自己的原则去迎合别人的胃口，你只需让孩子对别人以诚相待即可。

第 3 招：让孩子明白逃避不是办法

在人际交往中，当女孩遇到不喜欢自己的人时，父母完全可以教孩子不要与对方来往，但这样孩子就少了一个与人交往的机会，不如让孩子尊重他们，其实这也是在尊重自己。如果因为别人对自己不友好，就和别人"对着干"，那么只能让人际关系越来越坏。

相反，通过自己的实际行动，表现出自己的品质和能力，才有机会让对方"觉悟"。即使我们的尊重换不来对方的反思，那也没有关系。因为在我们尊重一个不喜欢自己的人的同时，可以得到周围更多的人的敬重。

第4招：与人交往，要有宽广的胸怀

妈妈应告诉女儿：如果别人不喜欢你，你不要生气，而应以诚相待；如果别人欺负你，你应该原谅对方，以宽广的胸怀包容对方，提升你的亲和力，可以让你"广结善缘"。如此坚持下去，别人将会逐渐被你的态度所感化。

没有永远的对手，只有永远的朋友

与人合作的能力，是优秀人才的重要素质之一。从小培养孩子与人交往的能力，目的也是培养孩子与人合作共处的能力，因为任何一个人的力量都是有限的，只有让孩子在合作中接受锻炼，她的能力才会提高，才能适应今后的社会竞争。

在当今家庭中，家长把女儿视为掌上明珠，对她百依百顺，使女儿只知道自己，很少为他人着想，逐渐养成了"以我为中心"的心理，变得任性、脾气大、不懂得与人合作，这些缺点会成为女儿成长道路上的阻碍。如果妈妈从小教会女孩与人合作，将会影响她今后的人际交往。

一天，女儿的班主任给李女士打来电话，说了她女儿雯雯的事情：

手工课上，同学们在用积木搭高楼，这是一个需要互相配合、合作的游戏。每组两人，由同桌的两人共同完成。

雯雯和同桌一组，可是她却不愿意和同桌一起做，并且把积木都搬到了自己的桌子上。

"你为什么不把积木分给她？"老师问雯雯。

"这是我的东西。"雯雯说道。

这时，老师以商量的语气对雯雯说："同学之间应该互相帮助，这个游戏必须要两个人共同合作才能完成，你们俩一起搭、一起完成，好吗？"

"老师，我不愿和她一起搭，我要自己来完成。"

最后，雯雯决意自己来完成，但是仅凭一个人的力量怎么也没有办法往更高的层次搭，最后失败了。而同桌小女孩非常生气，之后的几天都不跟雯雯玩。

宁愿自己一个人单干，也不愿意和别人合作，这是很多独生子女的毛病。孩子习惯了"以自我为中心"，什么时候都想当主角，容不得和别人分享与共处。这些毛病如果不在孩子小的时候纠正，等孩子长大了，就很难纠正。因此，妈妈应该引起重视。

培养女孩的合作精神，首先要给她一些思想准备。妈妈可以从家务劳动中着手，告诉女儿人与人之间相互帮助的必要性。妈妈在做饭的时候，可以让女儿过来帮忙，并在事后对女儿的帮忙表示肯定和感谢。这样便会使孩子意识到帮助别人是一件快乐的事情。这本身对孩子就是一个很好的教育，让孩子学会做家务，培养孩子的动手能力。长期这样做，孩子心中逐渐建立起家庭是一个团体的概念，每个人都各司其职，相互帮助，生活才能圆满。

育女真经

第 1 招：给孩子创造一个良好的家庭气氛

在一个整天充满争吵声的家庭中，很难培养出一个具有和谐人际关系的女孩。因此，家长必须处理好家庭成员之间的关系，给孩子创造一个良好的家庭氛围。在与邻居、亲朋好友相处的时候，要热情、平等、谦虚、礼貌。这样孩子才会以父母为楷模，逐步养成尊重别人、爱护别人的良好品德。

第 2 招：帮助孩子树立平等的观念

在家里，妈妈要平等地对待孩子，鼓励孩子参与到家庭事务的讨论中，尊重孩子的意见，告诉孩子："你与别人交往的时候，也应该平等待人，这样别人才愿意与你合作。"让孩子懂得，在人格上，人与人之间永远是平等的。只有这样，人与人之间才能互相信赖、和睦相处。

第3招：训练孩子合作思维的方法

要使女孩明白：在合作中不能只想着自己需要什么，而要以整个活动的需要为主，从而训练孩子的合作思维。在家庭生活中，可以让孩子和父母进行合作。在合作中，妈妈不能无限度地迁就孩子的想法。尽管有时孩子的想法本身是合理的，但它却意味着父母要做出过多的牺牲。

第4招：让孩子学会求同存异

合作中离不开商讨，难免会有意见分歧的时候。如果不能解决好分歧、达成一致，合作将很难进行。因此，妈妈应该让孩子知道，一个人的价值只有在集体中才能得到体现，当自己的想法与别人的不一致时，要学会和别人好好协商，学会求同存异，要以团队的目标为重，客观地看待别人的意见。

第5招：从小培养孩子团队精神

妈妈引导孩子学会与人合作，培养孩子的团队精神，是孩子必须具备的素质。团队合作精神，指的是团结一致、互帮互助，为了一个共同的目标坚毅奋斗到底的精神。这种精神一定要在孩子还小的时候就要进行培养。

好朋友之间要互相关心

关心是一种付出，关心是一种奉献，关心是一种美德，让女孩从一点一滴的小事做起，学会关心他人，学会照顾他人，孩子才会获得别人关心。"爱人"是帆，"爱己"是船，只有彼此的推动和支撑，才能使孩子间的友谊长存。

天下父母，不关心、不关爱子女的，恐怕不多。可是生活中，不懂得关爱父母、关爱他人的孩子却不少。尤其是在独生子女家庭，父母舍辛茹苦地把孩子拉扯大，到头来却落得形单影只。这种说法绝非夸张。

如果妈妈不重视孩子关爱他人的品质，孩子就真的可能变得无情无义。

　　曹女士的女儿丽雯 8 岁了，家里人对她非常宠爱。最近，曹女士发现女儿表现出一些不好的现象：每当让丽雯把好吃的东西拿给爷爷奶奶吃，或叫她帮爷爷奶奶拿东西时，她总是一脸不高兴地扭过头不理会，还念念有词："自己的事情自己做。"

　　在一次回家的路上，有个三岁的小孩摔倒了。曹女士和丈夫鼓励丽雯上前把小弟弟扶起来，没想到她置之不理，还说："真笨，连路都不会走！"

　　"六一"儿童节，女儿的学校发出了《献爱心，帮助贫困孩子读书》的倡议。曹女士和丈夫得知后，经过商量决定资助一个和女儿同龄的男孩，帮助他完成学业。当他们兴高采烈地把这个想法告诉女儿时，她却极为不满："妈妈，你有那么多的钱为什么不给我买衣服，买好吃的，难道你不爱我了吗？"

　　曹女士说："怎么会啊？"她又说："那我做错了什么吗？"曹女士说："没有啊！我爱你和这件事没有关联啊，爱是一个无限的空间，没有亲近和距离的。在这个世界除了亲情的爱，还有朋友的爱……"

　　虽然苦口婆心说了半天，但女儿依然没有任何改变。曹女士感到很苦恼……

　　要想让女孩学会关心和照顾他人，应从小就向孩子灌输爱心，同时父母要用行动来影响孩子，为孩子创造一个充满爱的家庭环境。在日常生活中，妈妈应该有意识地引导孩子学会分享，学会对身边的人表示关心。比如，爷爷奶奶身体不舒服，妈妈应该和孩子一起照顾老人家；如果同学成绩不理想，你可以鼓励孩子帮助同学。长期这样做，孩子就知道如何关心和照顾同伴。

育女真经

第 1 招：引导孩子通过关心他人体会快乐

　　让女孩尽早体会关心他人和被他人关心的快乐，是孩子学会关心他人的心理基础。在生活中，妈妈要鼓励孩子关心他人。比如，小朋友不小心摔倒了，妈妈应鼓励孩子去把小朋友扶起来。此外，妈妈还可以鼓励女儿照顾生病的同学，帮生病的同学倒水、打扫卫生。这样做，可以让孩子亲身体验关心他人是一件快乐的事情。

第2招：帮助孩子练习关心和帮助他人的基本技巧

妈妈要向孩子讲述、示范哪些行为和表情可能是他人发出的求助的信号，让孩子懂得体察别人的需要。同时，还应该让孩子学会在不妨碍他人的情况下，向他人提供关心和帮助。为了让孩子做到这点，妈妈可以在日常生活中给孩子提供练习和实践的机会，教孩子学会正确表达关心及向别人提供帮助。鼓励孩子自己寻找办法，培养孩子的勇气、信心和爱心。

第3招：温和地惩罚孩子的自私、攻击行为

当你发现女儿抢夺同伴的玩具或其他物品时，应立即告诉她这种行为是不对的，告诉孩子没有人喜欢和自私霸道的人交朋友，让她明白不良行为的后果。如果孩子的自私和攻击行为不是很严重，妈妈可以采取"冷处理"，假装视而不见，而对孩子偶尔表现出的友好行为大加赞赏，进行高度的强化，这样就能减少孩子不友好的行为。

第4招：从小培养关心他人的品质

教育家苏霍姆林斯基说过："良好的情感是在童年时期形成的，如果童年蹉跎，那么，失去的将永远无法弥补。"这就告诉妈妈们，帮助孩子从小养成关爱他人的习惯，教孩子与他人友善相处，是一件重要的事情。

面对误解不辩解，做自己就好

每个人都渴望被人理解，但是由于思考角度、认识水平不同，人与人之间难免会出现误解。成人都避免不了被误解，何况孩子呢？孩子被别人误解是正常的，妈妈应该教会孩子直面误解，使孩子正确地处理交往中的问题。

人们常说："理解万岁。"被人理解是一件快乐的事情。反之，如果被人误解或被人冤枉，那就是一种痛苦了。孩子也希望得到理解，当他们被人误解、冤枉时，他们也会感到难过和苦闷。

常女士说，她的女儿在地上捡起了一支笔，那是前排同学前天丢失的，于是她将笔交给了那位同学，不料却被误解。那位同学说她做贼心虚，才主动交还赃物。女儿被冤枉了之后，回到家里放声大哭。

看到女儿痛苦的样子，常女士也很难过。她耐心地听女儿诉说内心的感受，并不时抚摸女儿的脸蛋，为她擦眼泪。女儿哭了一会儿后，心情平静了很多。这时，常女士对她说："妈妈相信你，也支持你，你做了好事，这是值得肯定的。"孩子听了这些话，紧紧地抱住了妈妈。

常女士问女儿："要不我明天去学校把这件事向老师讲清楚？"女儿说不要。常女士高兴地说："在学校有事要自己解决，这样才是一个能干的好女孩。"然后，常女士让女儿明天和老师谈谈，把事情说清楚，让老师在班里为你解释一下。

当女孩被同学或同伴误解时，她会感到非常委屈，而且很可能哭鼻子。这时候，妈妈千万不要责怪孩子："都这么大了，还有脸哭。"如果这样批评孩子，孩子只会感到更难受。被误解后，孩子最需要的是支持和理解。作为家长，应该充当孩子的支持者和聆听者，鼓励孩子将实情和不满表达出来，体会孩子的内心感受。这样才是对孩子最好的安慰。

在孩子被误解后，她会觉得没有安全感。这时候，妈妈要满足孩子追求安全的心理。你可以热情地拥抱孩子，亲昵地抚摸孩子，轻声地鼓励孩子。无论是轻拍孩子的肩膀，还是说句"我相信你"，都能给孩子面对困境的勇气。

值得妈妈注意的是，当孩子被人误解、冤枉了，并不需要急着帮孩子"平反"，而应该鼓励孩子自己处理事情。如果家长听了孩子的哭诉后，不与孩子进行心灵上的沟通，而是自顾自地拿起电话与老师辩论一番，或者第二天到学校与老师面谈，替孩子表达不满，说出自己希望老师、同学怎样对待自己的孩子，那么结果只能让老师和同学对你的孩子敬而远之。

家长替孩子出面，只会把孩子置于同学和老师的对立面，不利于孩子提高处理人际关系的能力和自我抗压能力。那么，在女孩的成长过程中，当她被人误解和冤枉的时候，妈妈应该怎么做呢？

育女真经

第 1 招：认真倾听孩子的苦闷

当孩子被误解并感到难过时，妈妈应该让孩子叙述整件事情的经过，尽量不要打断孩子。在孩子描述的时候，妈妈要积极回应孩子，比如："哦，是吗?""你说的意思是……""是的，你接着说……"这样，让孩子觉得自己被重视、被尊重，她会把自己的感受、委屈全部说出来。

第 2 招：对孩子的遭遇表示同情和理解

尽量去理解孩子内心的感受，并对孩子表达真诚的同情，然后向孩子提出建议或想法，给孩子一些安慰和鼓励。误解只是一时的，只要我们耐心等待，真相总会大白。

第 3 招：鼓励孩子坚强面对误解

妈妈应该鼓励孩子处理自己的事情，如让孩子忘记不愉快的事情，让孩子用实际行动为自己"洗冤"，通过热情主动帮助他人、努力提高学习成绩，重新获得同学们的认可。

第 4 招：你的信任对孩子很重要

当女儿被人误解时，作为妈妈，应当理解她的心情，应该相信孩子，相信别人只是一时没有看清，误解最终会消失的。这样无形中会给孩子增添面对误解的勇气。

第七章

孩子，你是在为自己读书

　　在这个男女平等的现代社会，学识、才气是一个优秀女孩必备的素质。作为一个有着明智思想的妈妈，应该努力把女儿培养成一个知识丰富的人，帮助孩子积累不同方面的知识。

乐学才能好学，让孩子在快乐中学习

有欲望才会有行动。想让孩子爱上学习，并以学习为乐，就应该先让孩子产生学习的欲望，这样孩子才会乐此不疲地畅游于知识的海洋，成为自由成长的"鱼儿"。

爱问问题是孩子求知欲强烈的表现，如果你不重视，就容易打击孩子的求知欲，对培养孩子积极思考、热爱学习是不利的。所以，作为一位明智的妈妈，应该尊重孩子的提问，给孩子一个认真的答复。这不仅可以让孩子学到知识，还可以加强亲子关系，让孩子更加信赖妈妈。

星期天，贾女士正在与丈夫商量就否买冰箱的时候，女儿走了过来。她手里拿了一本少儿版的达尔文《进化论》，书中用生动的笔调描述了生物进化的过程，并且配有极为有趣的插图。

"妈妈，进化论中说人是由猴子变来的，这对吗？"女儿问道。

"我不知道是否完全对，但达尔文的理论是有道理的。"

"可是，既然人是由猴子变的，为什么现在人是人，猴子仍然是猴子呢？"女儿问。

"你没有看见书上是这样写的吗？猴子当中的一群进化成了人类，而另一群却没有得到进化，所以它们仍然是猴子。"贾女士说。

"这恐怕有问题。"女儿怀疑地说。

"什么问题？"

"既然是进化，所有猴子都应该进化，而不光是只有一群进化。"

"为什么这样说？"

"我觉得另一群猴子也应该得到进化，变成一群能够上树的人。"

这时，贾女士的脸上流露出极不以为然的神色。

"那是不可能的，因为事实就是猴子当中的一部分没有得到进化……"贾女士说。

"为什么？"女儿仍然不放过这个问题。

于是，贾女士只能尽自己所知向女儿讲明其中的原因："据我所知，一群猴子由于某种原因不得不在地面上生存，它们的攀缘能力逐渐退化，而又学会了直立行走，经过漫长的进化变成了人类；另一群猴子仍然生活在树上，所以没有得到进化。"

"我明白了。可是，为什么要进化呢？如果人能够像猴子那样灵活不是更好吗？"女儿又问了另一个问题。

"虽然在身体和四肢上猴子比人灵活，但人的大脑是最灵活的。"贾女士回答道。

"大脑灵活有什么用呢？又不能像猴子那样可以从一棵树跳到另一棵树上。"女儿说道。

"身体灵活固然好，但只有身体上的优势是远远不够的。大脑的灵活才是最重要的，因为只有这样才能创造出文明。"

"为什么要创造文明？"女儿问道。

"因为文明代表着人类的进步。"贾女士说。

……

女儿的问题一个又一个地如潮水般涌来。她的很多问题在成年人看来非常可笑而毫无根据，但即便这样，贾女士也尽量不让她失望。

贾女士的做法值得我们学习，面对女儿源源不断的奇怪问题，她没有回避，没有敷衍，而是积极地对待。虽然她没有给女儿实质性的答案，但是对引发孩子思考，保护孩子的求知欲很有帮助。当你无法回答孩子的提问时，也应该以赏识的心态对待孩子的提问，从而更好地呵护孩子的求知欲，激发孩子去积极地思考。

育女真经

第1招：给孩子一个认真的答复

当孩子问题不断时，妈妈千万不要感到厌烦。要知道女儿好问是好事，说明她有强烈的求知欲和思考意识，千万不要打击女儿的好奇心。要尊重孩子的问题，给孩子一个认真的答复。这里的答复既可以是专业的回答，也可以是积极的赏识，毕竟妈妈也有不懂的问题。

第2招：不要敷衍孩子的问题

如果妈妈不能马上回答孩子的问题，应该把问题记下来，并尽快把答案告诉孩子，以此激发孩子的好问精神。千万不要因为孩子的问题太过幼稚而嘲笑或敷衍孩子，这样会使孩子渐渐失去提问的兴趣。和孩子说"等一下再告诉你""让我先考虑一下"，承认自己有无法回答的问题并不是羞耻的事情。这样可以让孩子知道自己没有被忽略，得到了尊重，同时也可以让孩子学会等待和谅解他人。

第3招：给孩子提问的机会

如果你的女儿比较胆小，不太爱提问题，那么你可以采取相应的办法，激发她的求知欲。比如，你给孩子出一道题，让孩子去思考答案，过段时间后，问孩子是否想好了。如果她还没想好，你可以问她是不是遇到了困难，是否需要帮忙，鼓励她把困难讲出来，再给她一些引导和帮助，让她意识到提问和思考的好处。这样多次下来，孩子也就懂得提问和积极思考。

给女孩提供自主学习的机会

让女儿在学习中做自己的主人，可以促使其自我意识的觉醒，培养其独立的自我行为。一个人的成长离不开自我意识的觉醒和自我行为的独立。当一个人在自己的意识支配下拥有独立的言论和行为，这种言论和行为对自己的成长才真正具有价值和意义。

自我意识是成就人生最根本的力量，是事业最强大的推动力。不能说自我意识强的人都能成才，但可以说，没有自我意识，就难以自主地学习，也就难以成才。让女儿在学习中做自己的主人，可以促使她自我意识的觉醒，培养她独立的自我行为。

当8岁的洋洋想玩电脑时，妈妈会对她说："请先做好你该完成的事情。"该完成的事情除了当天的作业，还有练习半小时的钢琴。对于洋洋玩电脑游戏，妈妈之前是有些顾虑，怕影响她的学习。但同时妈妈又考虑到，电脑是现代社会信息交流的重要工具，早一点接触电脑，对孩子很有好处。她相信每次让女儿玩半个小时，对于女儿的成长来说利多弊少。

但洋洋小小年纪就有自己的想法，还做不到自控。对此，妈妈和洋洋商量了一下，制定了一个家规。如果每晚洋洋能在九点以前完成她所有该完成的任务，那么她可以自由地安排剩余的时间，可以看电视或玩电脑，但每次玩电脑的时间不能超过半小时。洋洋同意了。

新家规执行的第一天。妈妈下班回到家，看见洋洋在做作业。妈妈在厨房做饭，做完饭大家吃饭，吃完已经是 8 点。洋洋丢下饭碗，马上去做作业。8：40 分，作业终于做完了。然后她弹了半个小时的钢琴，弹完已经到了 9：15 分。这个时间已经超过了规定的时间，洋洋急哭了。虽然她很想玩电脑，因为已经过了九点钟，她不得不洗洗脚，上床睡觉。

第二天妈妈下班回家，一进门就看到洋洋在做作业，她告诉妈妈作业快做完了，妈妈有些惊讶。吃完饭后，洋洋做了几道数学题，稍作休息就开始弹钢琴。弹完钢琴一看时间，刚好八点半，她正好可以玩半小时的电脑。

从那以后，洋洋养成了积极学习的习惯，每天放学后回到家，第一件事情就是做作业。而且她懂得了由易到难地解题方式，先做容易的题，把难题留在后面，这样学习更有效率。学习上的事情，妈妈再也不用为女儿操心了。

每个人都希望自己是自由的，不希望自己受到别人的限制和干涉。女孩也渴望有自主权，能选择自己喜爱的东西。许多妈妈却往往忽视孩子的这一正当要求，尤其是在学习上经常逼迫孩子按自己的意愿去选择。

学习是孩子自己的事情，谁也无法替代。作为妈妈，当你在教育女儿读书时，不要对其志趣横加干涉和阻挠，只需激发女儿的学习积极性，使她明白学习的目的，做一个自主学习的人。

育女真经

第 1 招：激发孩子学习的兴趣，调动孩子自主学习的积极性。

俗话说兴趣是最好的老师，如果想让孩子从被动学习变为主动学习，就应该激发孩子对学习的兴趣。有了兴趣，孩子就会主动"要学""去学"。妈妈可以通过谈话等交流方式，让女儿意识到确实应该学习，或者通过一些有趣的问题，让孩子意识到学习的乐趣。

第 2 招：帮助孩子树立明确的学习目标和学习计划

有目标才有前进的方向，有计划才有持之以恒的动力。妈妈可以帮助女儿制定学习目标，比如，语文考多少分，再给孩子制定一个学习语文的计划，让孩子每天朗诵一篇散文、一首诗。这样坚持一段时间，孩子就会养成学习的习惯。有了习惯，孩子也就知道自主学习。

第 3 招：以表扬和鼓励为主，让孩子尝到成功的喜悦

想调动孩子学习的积极性，就要经常给孩子肯定和表扬，让孩子看到自己的进步，让孩子在表扬中获得成功的喜悦。肯定和表扬是一种激励，这种激励能使孩子增强学习的欲望，变被动为主动，可达到事半功倍的效果。

第 4 招：从被动到主动，需要妈妈的鼓励

让女儿从被动学习到主动学习，这中间需要妈妈的激励。有激励，孩子才会有动力，才会产生主动学习的心理，而这种心理将成为孩子主动学习的动力。所以，妈妈要努力调动孩子的主动性，让孩子成为学习的主人。

课堂上要集中精力认真听讲

课堂上学习不认真，课后做作业伤脑筋——很多孩子上课开小差，没有抓住课堂珍贵的 45 分钟，课后又不会做题，这样很容易影响孩子的学习效果，而考试成绩糟糕时，还会受到父母的批评，自信心受到打击。

想要避免这种问题，妈妈就要教孩子向课堂要效率。

在课堂上，老师授课，学生听课，这原本是一种很常见的现象，不必多言。可是，有些孩子没有意识到课堂的重要性，在上课的时候不认真听讲，认为回家自己琢磨一下就会了，这种过于乐观的想法导致他们学习效率低下。要知道，课堂上认真听讲一分钟，胜于课后自己琢磨一小时，能节省大量的时间。

一般情况下，年龄越小的孩子，听课的效率越低，这与他们的自控能力差有关。所以，在孩子进入小学时，妈妈就应该教女儿认识到在课堂上认真听讲的重要性。再教女儿一些听课的技巧，如集中精力，重视开头和结尾，注意重点和难点，随时记下老师所讲的关键词、句或公式、定理，及时提问自己不懂的地方，积极回答问题等。这些都是提高课堂效率的好方法。

曼妮是一名小学三年级的女生，她聪明、活泼。可令父母头疼的是，曼妮每次做家庭作业时总要父母帮忙，而且考试的成绩经常是一塌糊涂。妈妈和老师沟通后，才知道曼妮上课时经常开小差。比如，语文老师上课时，她在下面玩"桃太郎"；数学老师上课时，她在下面玩"七巧板"。老师多次批评教育，可收效甚微。有时，她即使没有在下面玩玩具，可精力也不集中，不是碰碰左边的同学，就是踹踹前面同学的凳子……了解女儿在学校的种种"劣迹"后，曼妮的妈妈决心帮助她纠正这些毛病。

首先，妈妈"收缴"了她的玩具，并说明今后只能在家里玩。接着，妈妈开始对她进行耐心细致的思想教育。妈妈告诉曼妮："上课时一定要认真听讲，思路要跟着老师走。把与学习无关的东西收进抽屉里，不要左顾右盼，更不要说话影响他人。"

最后，妈妈对曼妮说："如果你在课堂上能认真听讲，课后再进行适当的复习，下次考试时就有可能摘掉落后的'帽子'。"曼妮点了点头。

一个星期后，老师给曼妮妈妈打来电话说：曼妮这几天上课的表现比较好，能认真听讲，虽然有时偶尔还有些小动作，但用眼神暗示一下她，她就能安静下来听课。老师还希望曼妮妈妈继续配合学校，帮助曼妮彻底改掉上课不认真的坏习惯。曼妮的妈妈欣然接受了老师的建议。

在妈妈和老师的配合下，曼妮在课堂上听课的效率大大提高，作业基本上能独立完成，考试的成绩也有进步。

曼妮的学习得到提高，说明课堂的听课效率影响着孩子对知识掌握的程度，也影响着孩子对知识的吸收能力，同时还影响了对旧知识的深化运用和记忆。把握好课堂 45 分钟，是孩子提高学习成绩的重要途径。

育女真经

第 1 招：告诉孩子上课要专心听讲

孩子上课不专心听讲是很普遍的现象，甚至可以说每个孩子都曾有过上课开小差的经历，区别只在于走神时间的长短和次数的多少。妈妈应该告诉女儿，上课应以专心听为主，适当做些笔记。如果不小心开小差了，要及时把心收回来。

第 2 招：鼓励孩子在课堂上积极回答问题

课堂上回答问题，其实是一种检验，可以考察孩子的临场发挥能力、思维的缜密程度，以及面对问题时是否有足够的勇气和自信，这些品质在考试中会发挥很大作用。因此，鼓励女儿积极发言，是妈妈应该要做的。妈妈可以告诉女儿："站起来发言没有什么好怕的，答对了，证明你领悟了课堂上所讲的内容；答错了，说明你还学得不够好，继续努力就行。不要在意同学的眼光，而且你愿意回答问题，还会受到老师的喜爱。"通过这样的话，鼓励女儿在课堂上积极发言。

第 3 招：教孩子养成做课后小结的习惯

在课堂上，老师讲出来的知识，仅仅是老师的知识。只有通过消化吸收，做出小结，才能变成自己的知识。妈妈可鼓励女儿养成做小结的习惯，做出初步的整理，逐渐把老师讲的知识装进自己的头脑。

不用每次考试都必须得高分

是分数重要，还是学习知识、快乐学习重要呢？很多妈妈为了孩子能考高分，逼走了孩子对学习的兴趣，逼走了孩子的快乐，逼得孩子厌学。明智的妈妈懂得，学习贵在学知识，成绩只是次要的。她们以这种态度对待孩子，孩子才会快乐地求知、快乐地进步。

"考考考，老师的法宝；分分分，学生的命根。"这是一句反映分数教育的人尽皆知的流行语。实际上，现在仍有很多家庭对子女的教育还停留在分数教育上。中国家庭分数教育是中国应试教育在家教中的反映，家庭的分数教育是学校的分数教育的反映。

这种分数教育观念，让很多父母形成了一种只盯着分数看的错误思想。孩子考了高分，父母在赞赏孩子的同时也觉得自己无比荣耀，考试分数不仅成为评判孩子的依据，也成为父母炫耀的利器。他们把孩子的分数看得很重，并且经常因为分数问题而产生压力，使孩子生活得很不快乐。

那天，丽雅从老师手里接过数学试卷，59 分，糟了！丽雅垂头丧气地回到家中，胆怯地靠在门旁边，低头紧盯着自己的脚尖："妈妈，我只得了 59 分。"

"啪！"一记响亮的耳光落在丽雅的脸上，妈妈的眼睛瞪得像铜铃，额上的皱纹形成了一个倒立的"八"字，左手叉腰，右手抓起苍蝇拍，对着丽雅的屁股上用力打了一下，嘴里说着："你这个不争气的东西，我辛辛苦苦送你上学，你不好好读书，才考了 59 分……"吃饭的时候，丽雅端着一碗不知是什么滋味的饭和着泪水咽下去了。

"不争气的，还不去洗碗！"

"不争气的，还不去扫地！"

……

　　一段时间后，丽雅通过努力学习，终于考了100分。她哼着小曲像小燕子似的"飞"进家门："妈妈，你看100分！"

　　"啵！"一个高兴的吻印在了丽雅的脸上。丽雅妈妈那大大的眼睛眯成一条缝，额上的皱纹变得温柔了，双手紧抱着丽雅，嘴巴笑得合不拢："哈哈哈……考得不错，我的女儿真好，真乖。"

　　今天的午饭是小鸡炖蘑菇、鱼汤……

　　"别，碗不要洗了，油星子会溅到你衣服上……"

　　"别，地也不要扫了，灰尘会迷了你的眼……"

　　……

　　像丽雅妈妈这样，女儿考试分数高，妈妈心里非常高兴，眉飞色舞，情不自禁；当女儿考得不好时，妈妈往往生气失望，情绪低落。对于这个问题，所有的家长都应该想一想：把孩子送到学校，到底是为了学习知识，还是为了得高分？

　　虽然说分数的高低在一定程度上能反映出孩子学习的效果，但是学习效果好的孩子不一定能在考试中将所学的知识表现出来，考试成绩好的孩子也不一定善于运用所学的知识解决现实的问题。因此，单从分数来看孩子，是非常片面的。

　　如果妈妈太在乎孩子的成绩，那么孩子就会失去学习的快乐。因为一旦没考好，孩子就会被骂。因此，考试的时候，孩子很可能会提心吊胆，这样也不利于发挥。妈妈应该明白，考试成绩不是不重要，但是孩子的身心健康更重要。妈妈一定要把握好这个概念和尺寸，不要逼迫孩子去争分。因为用孩子的身心健康和快乐去换分数，一点都不值得。

育女真经

第1招：不要过分看重分数

　　尽管分数可以客观地显示出孩子对所学知识的掌握程度，但它并不是衡量一个人学习效果的唯一标准。因为有些平时学习用功、成绩也相当不错的孩子，也不能保证每次考试都能取得高分。如果孩子运气不佳，正好遇到棘手的题，也可能会考得一塌糊涂。这时，如果父母只关心分数而对孩子训斥，孩子就会变得垂头丧气，对学习失去信心。其实，孩子未必就那么差，只不过在考试时没有发挥出来而已。

第2招：不要紧盯孩子的课内学习

妈妈不要把眼光仅仅盯在孩子的课内学习及作业上，而应该想办法扩大孩子的知识面。孩子作为社会的一个成员，应该了解社会所发生的事情。如果孩子领会到生活的一切都是她学习的课堂时，那她就会更积极主动地投入学习中。

寓教于乐，在游戏中学习知识

"你就知道玩，不知道学习。"很多妈妈经常这样批评女儿，言外之意是玩会影响学习，只知道玩的孩子学习成绩不好。其实，这没有道理，妈妈应该认识到玩是一种放松，对学习会起到促进作用。

长久以来，很多家长认为"玩会影响学习"，他们斥责孩子："就知道玩！光玩怎么能考上大学呢？玩能有出息吗？"当然，有些家长比较开明，他们不反对孩子玩，但也不忘记提醒孩子："玩一会就好，不能影响学习。"

其实，玩耍和学习并不矛盾，而是统一的，有益的玩就是学习，玩中有学，而科学的学习可以是一种"玩"；玩可以促进学习，可以让学习变得轻松愉快。

首先，玩可以教孩子认知。孩子从出生那天起，就是在玩耍中认识和感知世界，并在玩耍中学会交流。可以说，玩是孩子理解生活的开始。

其次，玩可以教孩子做事，提高孩子的动手能力。有些游戏需要多人一起配合着玩，才能获得胜利，这样在游戏中孩子学会了合作交流，对于孩子来说，也是一种学习。在游戏的过程中，孩子还能养成遵守游戏规则的习惯，慢慢就有了遵守社会规则的意识。

最后，玩耍还能锻炼孩子的实践能力、模仿能力、创造能力、思维能力，开发孩子的智力，促进孩子大脑发育，提高孩子的注意力、想象力、观察力、协调能力等。

所以，对于年纪小的孩子来说，玩是一件快乐的事，对于女孩子来说同样如此。妈妈应该将玩当作孩子学习之余的一种交流，要教会孩子学会休息，树立劳逸结合的观念。要知道，孩子只会学习是不行的，还需要会玩。两者具备，才能做到劳逸结合。

11岁的曼辞学习刻苦的劲儿，班里没有几个人能比得上。每天到校后，她便一头扎进习题中，跟谁也不交流；课间休息的十分钟里，她也待在教室里埋头苦读，即使上厕所，也要拿一本书；音乐课和体育课总是找理由不上，躲在一边学习。

放学回家的路上，她边走边看书，经常碰撞到行人身上；回家除了吃饭的时间外，全部用在学习上，她从来不看电视；当很多孩子都在看漫画书时，她在学习；每天晚上不学到10点不睡觉，很多同学在背后都叫她"学习机器"。然而，她的学习成绩却很一般。

曼辞的症结在于学习时没有注意劳逸结合，以致学习效率不高。这样的问题在许多女孩身上或多或少地存在。很多女孩学习很努力，但没有注意适当地休息，因此造成了身体上的疲劳，这样学习的效果就会大打折扣。

事实告诉我们，一个优秀的女孩绝对不是死读书、不知道玩。优秀的女孩既会学习，也善于玩耍，各方面的素质都不差。所以，妈妈培养女儿的目的不在于让她考多少分，而在于让她学到更多的知识，让她成为一个快乐的人。

育女真经

第1招：让孩子认识劳逸结合的重要性

要想学习好，不仅要有好的学习方法，还要懂得劳逸结合，这样才能大大提高学习效率。妈妈引导女孩充分地认识到劳逸结合所带来的好处后，孩子才会在学习中有这种意识，才会在学习进入疲劳阶段时对自己进行适当的调整，而不是硬着头皮去学习。

第 2 招：给孩子自由玩耍的时间

在帮孩子制定计划时，一定要充分尊重孩子的意愿，并给他留出一定的自由活动时间。安排计划不能太机械化和具体化，我们可以规定一天的学习时间、游戏时间等，从宏观上对孩子的学习生活情况进行把握，这样也可以训练孩子的自我管理能力。学习需要计划，其实玩也需要有计划。与孩子一起讨论玩的设想其实是增进亲子关系的良好途径，因为在讨论如何玩的时候，孩子的心情是放松和快乐的，也更容易听得进家长的建议。

第 3 招：陪孩子一起玩耍

孩子用脑强度大，需要适当的运动量。妈妈可以和孩子约定，每天学习疲倦后，一起下楼跑跑步、做做操、玩玩游戏。在共同玩乐的过程中，既有助于心情的放松，又能增进亲子之间的感情。在运动中还能进行情感交流，帮助妈妈了解女儿的真实想法。值得注意的是，妈妈最好不要把时间规定得太死，孩子什么时候需要休息时，就什么时候陪她锻炼。

第 4 招：引导孩子处理学习和玩耍的关系

玩耍和学习不是矛盾的对立面，而是统一体。妈妈要帮助孩子处理好玩与学习的关系，让孩子学会劳逸结合，做到快乐地学习、快乐地玩耍。这样做，不仅可以促进孩子各方面能力的发展，还有益于孩子身心健康。

从睡前阅读开始，让女孩爱上读书

在女孩小的时候，帮助她养成阅读的习惯，是她学习语言的主要途径，同时能给孩子带来情感、想象、表达等多方面的愉悦体验。通过阅读大量图文并茂的读物，帮助孩子从口头语言向书面语言过渡，对其思维、语言、想象、个性、习惯等方面都有益处。

莎士比亚曾经说过："人的美丑是先天带来的，有没有素养则是书籍造就的。"他指出阅读会决定一个人后天的命运。前英国教育部长布朗奇也曾表示:"每当我们翻开书页,等于开启了一扇通往世界的窗,阅读是各种学习的基石。在我们所做的事情中,最能解放我们心灵的,莫过于学习阅读。"

毫无疑问,书籍是帮助孩子增长见识、增加知识的好朋友。努力培养女孩阅读的兴趣,可以开发孩子的智慧,让孩子懂得更多的道理,从而变得更加成熟和优秀。

美国有个小女孩,她的阅读能力很强,因此成为了一个有名的小才女。她就是美籍华裔孩子邹奇奇。

美国《世界日报》曾报道,当一般的小女孩抱洋娃娃、嚷着看米老鼠之际,年纪轻轻的邹奇奇就以流畅、真挚的笔触,展开了神奇的作家之旅。

邹奇奇所写的《飞舞的手指》一书,近300页、逾12万字。书中以古代及中世纪历史事件为短篇故事背景,表达了她对政治、宗教及教育等的见解。她也因此在美国被喻为小小的文坛巨人。

邹奇奇之所以能成为小小的文坛巨人,就是因为她有超强的阅读能力。据奇奇的母亲讲:"她3岁半就开始阅读篇章较长的书籍,对历史、战争之类的书尤其着迷。她一分钟能阅读900余字,每日能看3本小说。"奇奇说:"如果没有新书在手,我会坐立不安;如果没有写作,我会倍感无聊。阅读和写作让我的生活变得更精彩!"

奇奇凭借惊人的写作天分对阅读的狂热,被美国媒体视为天才。英国《每日镜报》形容奇奇是"世界上最聪明的女孩"。

阅读是学习的基础,也是孩子认识社会和自然界的重要方式。对于女孩子来说,读书可以提升才情。中国历史上因读书而满身尽显书香、才情的女子比比皆是,比如东汉末年的蔡文姬、南北宋之间的李清照等,她们的才情都源自于阅读。作为一个明智的妈妈,让女孩养成阅读的习惯,有利于才气和思维能力的培养。

育女真经

第1招：尽早开发女儿的阅读潜能

阅读问题专家乔治史蒂文斯曾经说过："教育史上危害最大的错误认识，即各种阅读教育都应当放到孩子6岁以后进行。"

著名的心理学专家苏霍姆林斯基也曾经说过："孩子的阅读开始越早，阅读时思维过程越复杂，阅读时对治理发展就越有益。7岁前就学会阅读，就会练就很重要的一种技能——边读边思考边领会。"

一般说来，0～3岁是培养儿童阅读兴趣和学习习惯的关键阶段；3～6岁侧重提高儿童的阅读和学习能力。因此，好妈妈要尽早让女儿开展阅读，让阅读伴随女儿的成长。

第2招：妈妈要和女儿一起阅读

很多妈妈为女儿的教育投资不菲，却不知道多花一些时间陪伴女儿一起学习。一些妈妈认为，只要给女儿买了书，让她自己去看，就是为孩子提供了阅读的环境。其实，孩子更需要在一个单独的环境下，妈妈陪伴着一起阅读。因此，在对女儿开展阅读时，妈妈要尽量抽时间和女儿一起学习。

第3招：选择适合女儿的课外读物

有些妈妈对女儿的阅读材料甄选上，并没有一个标准。往往不是从孩子的认知发展水平和阅读能力出发，而仅仅是紧跟市场。这样就造成了女儿在阅读的过程中知识体系建构混乱，而超越孩子阅读能力发展的学习，给孩子带来负担。妈妈应根据女儿的成长特点及其年龄、兴趣、爱好和能力有针对性地选购相应的书籍。

第4招：分享女儿读书的快乐

妈妈可以经常和女儿交流、讨论书籍、电影、电视、报刊中的内容，和女儿一起分享读书的快乐。如果女儿在阅读中提出问题，尽量回答，但有时可以不作答，引导她从书籍中找答案，同时认真听女儿分析，尽可能让女儿发表见解并给予肯定。

第 5 招：引导孩子主动去阅读

培养女儿阅读的习惯不是教女儿写字，也不是灌输知识，妈妈应避免采用填鸭式的方法来让女儿识字和掌握知识。而应该通过书本中有趣的故事，吸引孩子的兴趣，激起孩子自觉读书的欲望，这样孩子才会主动地去阅读。

第八章

真正的教育在家庭

　　每个妈妈都希望自己的女儿智力超群，希望自己的女儿是最优秀的。于是，很多妈妈很早就教孩子认字、算术、书法、钢琴、小提琴等。其实，这些教育增强的不是孩子的智力，而只是一些知识和技能。真正的智力开发应该是激励加启发加引导，使孩子变得越来越聪明。

"智商在线"需走出培养误区

智商是指一个人的注意力、观察力、记忆力、想象力、理解力等。一般来说，通过一个人智商的高低，可以看出智慧的差别。虽然它受先天遗传因素的影响，但如果你掌握了智商培养的正确方法，同样可以将女儿培养成优秀的人才。

古今中外，运用智慧、智谋取胜的案例多得数不清。比如《孙子兵法》的三十六计，计计堪称用兵之神；《水浒传》里的智取生辰纲；《沙家浜》里的智斗；《林海雪原》里的智取威虎山等，都是以智慧取胜的典型代表。特别是《三国演义》中，处处充满了智谋的威力。

简言之，智慧的力量是无穷的，而智慧很大程度上依赖于智力、智商。所以，妈妈应该从小对孩子进行智力开发。有些人觉得孩子笨。孩子到底是真的笨，还是假的笨呢？对此，做妈妈的应该有鉴别的眼光，不然就可能错看孩子、误导孩子。

有一个小孩，大家都说他笨。笨到什么程度呢？如果你在他面前放两个硬币，一个五角的，一个一元的，那孩子只拿五角的，一元的他不要。很多人不相信，再把两个硬币放在他面前，让他拿。结果他还是只拿五角的，不拿一元的。这种奇怪的事情，让很多人觉得好笑。因此，经常有人给孩子摆硬币让他挑。

这件事传到一位智者那里，智者听了哈哈大笑，说这个小朋友真是聪明。因为他每次只拿五角的硬币，大家不信他总那么傻，就会试验下去。一次、两次、三次……如果他拿一元的硬币，估计就没有人再给硬币让他挑了。他这是大智若愚。

看了这个故事，你是不是有所感触呢？生活中，不少妈妈认为自己的孩子脑子笨，其实是妈妈错看了孩子。可以说，绝大多数孩子都不笨，只不过有的孩子潜力没表现出来，而有的孩子潜力表现出来了，家长却没有发现。当然了，不管孩子的智力是否表现出来，从小就重视孩子的智力培养，是有好处的。

值得注意的是，智力开发不是技能培养，不是教孩子学钢琴、跳舞、唱歌，而是通过激励和启发，来促使孩子逐步将内在潜能释放出来。以下是开发儿童智力应注意的问题：

1. 破除天才论。有些妈妈认为孩子的智力是遗传决定的，看到孩子笨，也就绝望了，认为孩子无可救药，从而放弃培养。其实，天才不是天生的，而是靠后天教育影响形成的。如卡尔·威特生下来的时候智力低下，在父母的用心培养下，14岁大学毕业，16岁研究生毕业，被柏林大学聘为大学教授。

2. 不要拔苗助长。智商是与孩子的年龄成正比，如果一味逼迫孩子，只会适得其反。

3. 要保持一颗耐心和恒心。培养孩子的智商有周期性，不可一蹴而就，也不可一劳永逸，三天打鱼，两天晒网。妈妈必须保持耐心和恒心。

4. 智力发展离不开非智力因素的发展。比如，学习兴趣、意志、性格是智力发展的动力，也能弥补智力的不足，改善大脑的工作状态。

育女真经

第1招：鼓励孩子多学习

智慧始于学习，人们常说："读书破万卷，下笔如有神。"学到的知识多了，就能举一反三、触类旁通，产生新的思想。妈妈平时可以给孩子讲一些哲理性的故事，从小教育他、启发他，提高孩子运用知识、驾驭知识的能力，从而把知识升华为智慧。

第2招：鼓励孩子多实践

人们常说："读万卷书，不如行万里路。"其实，既要读万卷书，又要行万里路，实践对开发孩子的智商很有帮助。有些孩子小时候看起来不太聪明，但是经过后天的社会实践和锻炼，变得非常聪明。

第3招：鼓励孩子多思考

智慧从思考中来，著名的钢铁大王安德鲁·卡内基在自己的书桌上贴了一句话："不能思考者是傻瓜，不想思考者是顽石，不敢思考者是奴才。"他认为人类之所以伟大，是因为有思考和行动，思考决定了行动。锻炼自己的最好的方法就是思考，思考是用脑的体操。所以，妈妈要鼓励女儿多思考、善思考。

第4招：鼓励孩子积极创新

创新是一个民族进步的灵魂，是孩子进步的动力。孩子喜欢异想天开，对此妈妈千万不要打击她，而要鼓励她大胆地想象。

好奇心是开启智慧大门的钥匙

任何一个人都不能缺少激励和肯定，孩子更是如此。尤其是在开发孩子的智力时，更要以激励为主，促使孩子找到自信，充满希望地去进步。

有这样一则故事，对妈妈应该有启迪意义：

李小全是个小学生，在上课的时候，老师一提问，她就举起手来，很喜欢回答老师的问题。一天在课堂上，老师又提了一个问题。大家都举手，非常积极。老师点名道："李小全，你来回答这个问题吧！"

举了手的李小全站起来，可一句话都说不出来，很是尴尬。第二天上课了，老师又提问题，李小全又举手了。老师一看，认为她一定能回答问题，于是又叫她回答。李小全站起来，可还是答不上来。

下课了，老师把李小全叫到办公室，问他："小全，既然你回答不出来，为什么还要举手呢？"李小全说，"老师，班里的同学都举手了，我一个人不举手，觉得好难堪啊！"

老师想了一下，对她说："好，小全，我们来个约定：下次你能回答问题，就举右手，我就喊你回答；你回答不出来，就举左手，那样我就不喊你了。好不好？"一次、两次、三次，李小全都举手，但举的是左手，老师一看左手，就不喊她。

终于有一次，李小全举了右手。老师一下发现了，喊她起来发言，她回答对了。下课后，老师把他叫到办公室："小全，你看，你有四次举了左手，不会回答，但是有一次举了右手，会回答，这样很好，我们还继续这样做。这件事不要告诉别人，这是我们的秘密，好不好？"李小全答应了。

时间一天天地过去，刚开始李小全举左手的次数比较多，举右手的次数少，再后来他举左手的次数少了一些，举右手的次数多了。后来，她能回答很多问题了，他的成绩上去了。老师把李小全喊到办公室，对她说："小全，你的表现很不错，有了很大的进步，你看你现在回答的问题比以前多了。今后我们继续这样做，这是我们的秘密哟！"

李小全感动地流出了泪水，老师眼里也含着泪花，什么都没有说。在激励之中，小全的智商之花开得很鲜艳。

培养孩子没有那么高深的学问，只要你相信孩子、激励孩子，给孩子关爱，孩子就会表现得越来越好。在潜移默化中，孩子的智商也慢慢发生变化。

你相信女儿，女儿才会相信自己，因为孩子的自信心建立在你对她的评价上。在培养孩子智商前，要坚信孩子是聪明的。只要你坚信孩子是聪明的，那么你的孩子就会变聪明。

育女真经

第1招：告诉孩子"你能行"

妈妈要坚信自己的女儿是聪明的，只有这样她才会变聪明。如果连妈妈都不相信女儿，那么女儿肯定会很自卑、很失望，这是显而易见的。所以，妈妈应该多鼓励孩子，多对孩子说"你能行""妈妈相信你"之类的话。

第2招：不要随意作比较

很多妈妈喜欢把自己的孩子与别人的孩子作比较，比如说："你看隔壁的小红，多么聪明啊，数学经常考90多分。你倒好，经常考个七八十分！真笨。"要知道，孩子听到这样的话，会很伤心。孩子能感觉到妈妈对她的失望，这样她对自己也就失望了。因此，妈妈平时一定要多想想孩子的过人之处，不要用孩子的短处去比别人的长处。

第3招：相信孩子是独特的

世界上没有两片完全一样的树叶，同样也没有两个完全一样的孩子，你的女儿是独一无二的。只要你坚信这一点，那么就没必要要求她跟别人一样，效仿别人。这样她才会意识到自己的独特之处，才会将自己的特点发挥出来。

第4招：没有笨孩子，只有笨父母

有人说，世界上没有笨孩子，有的只是笨父母。这是因为，只有笨父母意识不到孩子的聪明，不懂得保护孩子的自信心和自尊心，不善于激励孩子，而是经常"真笨""笨蛋"等词来评价自己的孩子。对此，妈妈应该坚决避免。

注意力是成就女孩的关键

注意力是打开心灵的唯一门户，门开得越大，学到的东西就越多。而一旦注意力涣散或无法集中，心灵的门户就会关闭，有用的信息就无法进入。所以，培养女儿的注意力非常重要。

注意力又叫专注力，是指一个人将思维与行动集中在某一特定目标上的能力。做一件事的专注程度能决定一个人在学习和工作中的成绩。美国钢铁大王安德鲁卡内基在一次对美国柯里商业学院毕业生的讲话中指出："获得成功的首要条件和最大秘密，是把精力完全集中于所干的事情上。"可以说，高度集中的注意力是所有天才必须具备的能力。

一次，玛妮雅在做功课，她的姐姐和同学在她面前唱歌、跳舞、做游戏。玛妮雅就像没看见一样，在一旁专心地看书。

姐姐和同学想试探。她们悄悄地在玛妮雅身后搭起几张凳子，只要玛妮雅一动，凳子就会倒下来。时间一分一秒地过去了，玛妮雅读完了一本书，凳子仍然立在那儿。

从此，姐姐和同学再也不逗她了，而且像玛妮雅一样专心读书，认真学习。

玛妮雅长大以后，成为一个伟大的科学家。她就是居里夫人。

居里夫人之所以取得巨大的成功，是因为她把注意力都用在了学习上，才会有那么大的成就。正如儿童教育专家斯特娜夫人说："孩子只有养成专注的习惯，才有可能在未来对自己所从事的事情能全身心地投入，不会被其他事情所干扰。"可是，对于小孩来说，注意力不太容易集中，心猿意马是很普遍的问题。

育女真经

第1招：不要分散孩子的注意力

孩子的房间要尽量少布置一些图画或照片，以免给她太多与学习无关的刺激，防止孩子被图画或照片吸引，走神遐想。在孩子学习时，父母离开她的房间，给她一个独立的空间，不做分散她注意力的事，如看电视、议论、接待客人等。

第2招：让孩子在游戏中培养注意力

父母应有意识地让孩子做一些可以集中注意力的游戏，比如玩拼图、搭积木等，使孩子在浓厚的兴趣中养成专注的习惯。此外，当发现孩子聚精会神时，父母不要随意打扰、干涉，不然将不利于孩子养成专心致志做事的习惯。

第3招：让孩子接触一些新鲜事物

妈妈在课余时间应多带孩子到大自然中观看奇花异草，或是让孩子参观一些造型奇特的建筑，培养孩子的兴趣。另外，父母也可以适当地让孩子进行一些户外运动，增加她的大脑兴奋性。孩子的注意力不集中，常常是由于大脑皮层兴奋不起来的缘故。

第4招：注意力要从小培养

注意力在人的智力活动中起着相当重要的作用。教育家乌申斯基说过："注意是心灵的天窗，只有打开这扇天窗，才能让智慧的阳光洒满心田。"因此，从小开始，妈妈要重视培养女儿的注意力。

善于观察的孩子思维最敏捷

观察是认识世界、增长知识的重要途径，实践证明，孩子观察力的强弱对学习成绩有直接影响。观察力强的孩子，对周围的事物认识得更深入，更容易把握事物的细节。对于女孩来说，良好的观察力有助于她们丰富知识，开拓视野，从简单的生活中发现美。

观察力是孩子认识世界、增长知识的主要手段，是完成学习任务的必备能力。可以说，观察力在孩子的一切实践活动中，具有重大的作用。

著名生物学家巴甫洛夫一直把"观察、观察、再观察"作为座右铭，并告诫他的学生："不学会观察，你就永远当不了科学家。"英国著名的生物学家达尔文曾说："我既没有突出的理解力，也没有过人的机智，只是在观察那些稍纵即逝的事物并对其进行精细的观察能力上，我可能在众人之上。"正因为达尔文善于观察，他成为杰出的生物学家。这告诉我们，很多伟人成功的秘诀便是：善于观察。

6 岁的戈雅非常喜欢画画。一天，她回到家后，便冲妈妈嚷嚷道："妈妈，老师让我参加比赛了，我要画一幅名为《春天》的画。"听到这个消息，妈妈决定带她外出郊游，给她一个观察大自然的机会。

周末，妈妈领着戈雅去了河边的树林。戈雅和妈妈一起抱了抱粗壮的大树，摸了摸树皮，观察了花的颜色、形状，闻了花香，抓了柳絮吹，摘了叶子作标本……

回家后，妈妈问戈雅："树叶和草的颜色是怎样的？""哪些花最先开放？""人们穿多厚的衣服？""农民在地里做什么？"，这些问题都引发了女儿的好奇和思考。

第二天，妈妈又带着戈雅出去了一次。这次戈雅主动地观察了树叶、小草的颜色，开放的春花，看到了蜜蜂在花间辛勤地采蜜，蝴蝶在花丛中快乐地舞蹈……妈妈带着她观看了蚁穴边蚂蚁忙碌的情景，她对这些蚂蚁能搬动比自己身体大好多倍的东西而感到非常惊讶！最后，她们还从池塘里捞了几条小蝌蚪带回家去养……

最后，女儿的画里不但有艳丽的花朵，还有辛勤劳动的蜜蜂、松土的蚯蚓，以及一只破壳的小鸡好奇地探头看着这新奇的世界。

可见，戈雅通过观察，认识了神奇的大自然，了解到世界的美丽之处。观察是孩子认识世界的开始，也是以后改造世界的基础。如果经常引导孩子专注地观察，久而久之，孩子的观察力就会得以提升。

育女真经

第 1 招：给女儿创造一个良好的观察环境

妈妈应多带孩子走出去，学会观察大自然中的植物、动物，培养女儿的观察力。因为大自然里新奇的事物可以极大地激发孩子的好奇心，有了好奇心，孩子在观察时也就容易做到专注。

第 2 招：让孩子明确观察的目的

孩子在观察中，有无明确的观察目的，所获得的观察效果是不同的。观察的目的越明确，孩子的注意力就越集中，观察也就越细致、深入，观察的效果也就越好。进行有针对性的观察，将会有更多的收获。

第 3 招：引导孩子在做家务中训练观察力

在做家务中，也能锻炼孩子的观察力。父母可以把几双洗干净的鞋子放在鞋柜前，然后请孩子帮忙分类，哪双是爷爷的，哪双是奶奶的，哪双是爸爸的，哪双是妈妈的，哪双是自己的；这些鞋子各是什么颜色，谁的鞋子最新，谁的最旧，谁的最大，谁的最小。别小看这些分类和识别的工作，如果从小就让孩子做这样的分类游戏，不但可以培养孩子的观察力，还能培养孩子良好的观察习惯。

理解记忆不如实践动手

记忆在人的工作、学习和生活中十分重要。因为一切知识经验的积累、技能与技巧的掌握、习惯的形成等，都和记忆力有密切的关系。只有依靠记忆，才能把在日常生活中获得的丰富经验加以保存和巩固。

记忆如同知识的管库人，虽然它不是智慧，但是没有它就无法产生智慧。记忆力是孩子学习不可或缺的一种能力，一个女孩的记忆力强，会为她的智力活动提供更多、更好的"储备"，反之就好比"巧妇难为无米之炊"。所以，从小训练孩子的记忆力，会让孩子终身受益无穷。

在生活中，我们经常会听到妈妈这样诉苦：

"我的女儿上小学五年级了，学习很认真，但是记忆力不好，背课文、英语单词非常费劲。她记不住也很着急，我看了也跟着着急，却苦于没有良策来帮助她。"

"我女儿学习成绩不好，最重要的原因是记忆力不好。为了提高女儿的记忆力，我和她爸爸想了很多办法，可都没见成效……"

著名教育家苏霍姆林斯基说："小学生记忆力的强弱在很大程度上，取决于孩子在早期童年时代进入到意识中的语言的鲜明度和情感色彩程度。孩子接受这些印象的同时也就锻炼了记忆力。"因此，作为妈妈，在女儿幼年和童年的早期应运用鲜明的语言和富有情感色彩的表述来吸引女儿记忆的兴趣，训练女儿的记忆力。

2~5岁的女孩已有能力去讲一个故事，而这种简单叙述就是开启孩子记忆的一把钥匙。她经常会想起一些很具体、很细节的事情，比如，想起自己穿着红色的裙子去海边，还在那里看到了贝壳，孩子通常会用叙述的方式来表达经历。2~5岁的孩子已经可以记住一些抽象的概念，如颜色、数字、字母等。他们在短时间里存储了很多信息，并且在需要的时候努力回忆。当然，这仅仅是机械记忆，而没有真正理解。运用"重复"的记忆手段，是这一时期孩子增强记忆的关键。

5岁以上的孩子通常能够读些简单的儿童读物，做基本的加减法。这时的记忆力会承载更多的任务，孩子也有能力自己去做更多的事情。那么，妈妈可以用这样的语句和女儿交流："宝贝，你自己上楼去房间的衣柜里拿双干净袜子，再准备好换洗的衣服，然后去卫生间洗澡，千万别忘了把发卡取下来。洗完澡，到厨房找我，好吗？"这一系列的嘱托正是在潜移默化地锻炼女儿的记忆能力。当然，女儿不一定能同时记住所有的事情，但这种锻炼是有益的。

育女真经

第1招：从点滴做起，循序渐进

经常引导女儿叙述自己的经历，比如说去海洋馆先后看到了什么，或者在幼儿园里发生了什么，这些都可以讲一讲；生活中的各种情景，都应该提醒她不断地记忆，从而养成一种良好的习惯。千万不要忽略生活中的小事，往往它们就是增强记忆的"强心剂"。

第2招：提高女儿记忆力的信心

美国心理学家胡德华说："凡是记忆力强的人，都必须对自己的记忆充满信心。"女孩如果在记忆之前就有为难情绪，对自己没有信心，心理上就会产生抵御记忆的阻碍因素，造成精神不集中，而无法记住。这时，妈妈切忌打击女儿的信心，而应多给予鼓励。当女儿对自己的记忆力产生怀疑时，妈妈要及时给予女儿积极的暗示，从而有助于增强女儿提高记忆力的信心。

第3招：鼓励女儿用多通道记忆法

妈妈要想让女儿拥有超强的记忆，就要帮助女儿把所有感觉器官一同调动起来，即采用多通道记忆法。这种方法可以动员大脑的各部位协同合作，来接收和处理信息。比如课堂上记笔记，孩子在记笔记的过程中，既在听，又在写，同时大脑还在积极地运转，记忆自然就会深刻。

第4招：让女儿进行联想记忆

一种事物和另一种事物相类似时，往往能从这一事物联想到另一事物。把记忆的材料与自己体验过的事物连结起来，记忆效果就会好。如在英语单词中，有发音相似的，有意义相近的，这些都可以利用相似联想法来帮助记忆。联想的方法有很多种，妈妈在指导女儿进行联想记忆时，可采用相似联想、接近联想、对比联想等方法。

想象力是智力的源泉

瓦特从沸水顶动壶盖这个现象中，想到了蒸汽动力；莱特兄弟看到飞鸟，想到了飞机，实现飞天的梦想。如果没有想象力，那么这些都不可能发生。因此，想象力对孩子的重要性可见一斑，妈妈应从小时候就开始培养女儿的想象力。

早期教育专家斯特娜夫人说过："凡是孩提时代充分发展了想象力的

人，当他遇到不幸时也会感到幸福。这样的人，即使他陷入贫困之中也会感到生活的快乐。不善于想象的人，只会在生存中屡屡失败，而永远也不会取得良好的成就。"

可是，很多妈妈面对女儿梦境般的想象时，不由分说，一棍子把她打醒，这样做只会让孩子变得呆板，生活枯燥乏味。试想，一个枯燥乏味的人又如何拥有精彩的人生呢?

5 岁的悠悠喜欢画画。一天，悠悠画了一幅画，尽是一些花花绿绿的"方砖头"。妈妈不解地问她："你这画的是什么呀?"悠悠高声回答："妈妈，我画的是鸡蛋。""可是，鸡蛋是椭圆形的呀!"妈妈纠正道。"不，方鸡蛋才不容易滑落。上次鸡妈妈因为鸡蛋滚到窝的外面摔破了，非常伤心。所以，这次就下了方鸡蛋。"悠悠开心地说。"可是，鸡蛋的颜色也不对呀。""这是鸡妈妈做的记号。这样，鸡妈妈就更容易分辨它的孩子了。""不对，你这是乱说!"妈妈对悠悠的"胡思乱想"感到生气。悠悠不知道妈妈为什么这么生气，不解地望着妈妈，不知如何是好……

鲁迅曾说："孩子是可以敬服的，他们常常想到星月以上的境界，想到地面下的情形，想到花卉的用处，想到昆虫的言语，他们想飞上太空，他们想潜入蚁穴……"孩子的想象有时在大人看来是天真的、幼稚的、不切实际的，但有些时候的想象却是大人所不及的。

育女真经

第 1 招：让孩子自己编故事、讲故事

孩子编故事、讲故事是锻炼表达能力的好方法，也是发展想象力的好机会。父母要积极鼓励孩子，不要冷言冷语相对，更不能随便阻止。父母可以引导孩子按照某个主题去编、去讲，适时地给予赞扬，指出不足。

第 2 招：和孩子一起做游戏

游戏是孩子想象的王国，是发展儿童想象力的最好活动。如果父母在和孩子做游戏时，模仿多种活动，凭借想象扮演多种角色，表现多种情境，那么就能激发孩子的想象力，使之自觉地将所扮演的角色进行完善。

第 3 招：给孩子空间，帮他插上想象的翅膀

妈妈应尽早帮女儿展开想象的翅膀，及时鼓励、欣赏女儿的想象与创意，想方设法为女儿创造机会，提供时间与空间，释放女儿的学习压力，开放女儿的头脑，活动女儿的手脚，使她能够自由想象、自由创造。

逆向思维让我们打破常规

有人说，创造力主要依靠发散思维，它是克服思维定势的重要手段。因此，如果在孩子小时候，就有意识地培养她的发散性思维，对培养她的想象力和创新能力很有意义。对孩子学习知识和应用知识，提高解决问题的能力很有帮助。

有位专家在黑板上用粉笔画了一个点，问大学生是什么？他们的回答是："粉笔留在黑板上的一个点。"问中学生是什么？答案是"句号"和"没有意义的圆点"。同样的问题，幼儿园里的孩子给出的回答却有30 多种："压扁的臭虫""雪花""猫头鹰的眼睛""奶油"等。

可见，年龄小的孩子想象力比大孩子的想象力更丰富，这是因为幼儿的思维里没有固定化的理念，没有教条化的思想，他们的思想单纯，不受任何限制。在美国，家长非常重视孩子扩散性思维的开发，重视到什么程度呢？我们不妨看看下面这个故事：

有个小女孩在美国加州的一所幼儿园里上学。有一天，她看到礼品

盒上的字母，告诉妈妈："妈妈，这是'O'。"妈妈大吃一惊，问女儿是谁教给她的。女儿说是幼儿园的老师教给她的。结果，小女孩的妈妈把幼儿园的老师告上了法庭。在法庭辩论会上，小女孩的妈妈讲了一个故事，感动了 28 名评审员。

她说："我曾经去过一个古老的东方国家，在他们的动物园里，我看到一只被剪掉翅膀的白天鹅。那只白天鹅无法飞翔，只能在水里游荡。我问管理员为什么要这样？管理员说，这样做是为了不让白天鹅飞掉。我赞美他们的智慧，也为白天鹅感到悲哀。而我的女儿，就像一只被剪了翅膀的白天鹅，从此，再也没有想象力了。因为她不知道'O'之前，可能会把它想象成太阳、月饼、鸡蛋等，但是现在她已经想象不到了。"

她的故事感动了所有评审员，最后她胜诉了。

或许有人觉得这个故事好笑，并为幼儿园鸣不平，但从培养孩子发散性思维的角度来看，这位妈妈的做法令人敬佩。从她的行为中，我们可以看到，她是多么重视保护孩子的想象力，多么重视开发孩子的发散性思维，以致于做出状告幼儿园的举动。

一个女孩，在上学之前，如果妈妈在纸上画个黑点，她可能会想象出无数个答案。可能把黑点想象成沙子、种子、石子、虫子、金子等；妈妈在纸上画个圆，女儿可能把圆想象成月饼、鸡蛋、太阳等。这就是说，在孩子没有接受标准答案之前，他们可以把一个平常的东西联想为许许多多的新东西，就像手电筒的光一样，一下子在黑夜里散开，范围越散越远、越散越大。

对于这样一个问题——树上有 10 只鸟，被猎人用枪打下一只，还有几只？很长一段时间来，只有两个答案。最正确的答案为"零"，因为其他鸟都被吓跑了。最错误的答案是"九"，因为十减一是九。如果你问孩子这个问题，他们很可能还有千千万万个答案。

在全国首届少儿头脑奥林匹克大赛中，就出现这样精彩的场面。有的孩子说："打下一只，还有无数只，因为这是一只鸟妈妈，小鸟不会走，而是都聚过来。"有的孩子说："打下一只，还有无数只，因为这鸟的朋友都会来看望它。"有的孩子说:"打下一只,还有三只,因为这三只鸟踩在胶水上飞不走。"有的孩子说:"打下一只,还有九只,因为这九只鸟全聋了。"答案五花八门,不尽相同。

这就是发散性思维,它充满了发散性、变通性、流畅性、求异性。女孩如果拥有这种思维能力,就不会被固定化的模式限制,不会被标准答案限制,她会变得善于触类旁通,那么学习能力就会得到很大的提升。因此,培养女孩的发散性思维,应该引起家长的重视。

育女真经

第 1 招:扔掉标准答案

当年幼的女孩把"0"读成"鸡蛋"或说成"圆圈"时,不要强迫她接受标准答案,因为任何习惯都是从小养成的。在孩子年幼时,凡事给她指定一个标准答案,孩子在成长的过程中就会机械地认定一些事情,不知道发挥想象力,更不敢有自己的想法,这样就会给孩子带来一些负面影响。

第 2 招:多向女儿提些开放性的问题

封闭性的问题不能给孩子留下想象的空间。因此,要激发孩子的想象力就要多提一些开放性的问题。如妈妈陪着女儿看有关飞机的图书时,可以这样问女儿:"你能想象未来的飞机是什么样的吗?如果让你造一架飞机,你会把它造成什么样子的呢?"这样的问题不但可以启发女儿的想象力,还能激发女儿的求知欲。值得注意的是,在女儿对这类问题作出回答时,妈妈千万不要急于去打断或纠正女儿的答案。

第九章

生活如此复杂，你要内心强大

一位作家说："谁不爱心态平和的人，谁不爱心若止水的生命？"的确，对于一个女孩来说，可以不聪明，可以不美丽，但是心态不能不淡定、行为不能不稳重。心态平和的女孩才会显露温柔的特征，行为稳重的女孩才能不被利诱。因此，无论如何，妈妈都应该培养女儿淡定的心态和稳重的品行。

面对孩子的过失，学会冷处理

妈妈是女儿的榜样，妈妈温柔贤惠，女儿很少大大咧咧；妈妈文静和蔼，女儿很少冷漠粗暴；妈妈遇事气急败坏，女儿通常遇事慌张不已。因此，想让女儿变得从容淡定，那么在面对孩子的过失时，妈妈应学会冷处理，给孩子做个好榜样。

当你发现女孩做错了事，偷拿了钱时，不少妈妈会对孩子严厉批评。但教育专家做过一个调查，结果显示：当家长在孩子面前大吼大叫时，孩子只注意到家长怒气冲天的状态，而很少听家长在说什么。与之相反，在孩子犯错的时候，如果妈妈能冷静地对待，反而很容易促使孩子自我反省、悔过自新，取得事半功倍的教育效果。

一位母亲问她5岁的女儿："如果妈妈带你出去玩，我们渴了，又没有水，只有你的背包里有两个苹果，你会怎么做呢？"

女儿歪着小脑袋想了一会儿，说："我会把两个苹果都咬一口。"

可想而知，母亲听了这话有多么失望，她当时特别想冲女儿吼叫：我辛辛苦苦养你，你却这么自私，不知道爱妈妈，真是没出息，然后再教女儿怎么做。可是话到嘴边，她还是收了回去。

那一瞬间，她冷静了片刻，改变了主意。她摸摸女儿的小脸蛋，温和地问："你能告诉妈妈，为什么这样做吗？"

女儿眨了眨眼睛，认真地说："因为……因为我想尝尝哪个苹果最甜，然后把最甜的苹果给妈妈。"

刹那间，母亲的泪水夺眶而出。

如果妈妈长期对孩子没耐心，大吼大叫，孩子就很容易变得脾气暴躁。而面对孩子的过失，保持冷静的态度，不但有助于维护妈妈在女儿心目中的良好形象，还有利于亲子沟通，使孩子更容易接受母亲。因此，教育女儿，妈妈首先要学会保持冷静，尤其是在女儿犯错的时候。

育女真经

第1招：温和地指出孩子的错，反对简单粗暴

妈妈应该知道，没有人可以做到不犯错，女孩好奇、好动、精力充沛，生活经验不足，有过失是很正常的。面对孩子所犯的错，妈妈应温和地指出，告诉孩子怎样改正。千万不要对孩子大吼大叫、大发脾气，以求孩子牢记教训，这样只能是逼着孩子为逃避惩罚而撒谎，从而变得虚伪起来，甚至形成多重性格。

第2招：过去了就不要再提，不要翻旧账

有些妈妈喜欢翻旧账，经常把孩子曾经犯的错挂在嘴边。这样做表面上看是为了让孩子总结经验，牢记教训，实质上却强化了孩子的过失，使孩子在情感深处留下了永远的伤痕，在今后的活动中缩手缩脚，不利于孩子形成淡定的心态。正确的做法是，说了一次就不再说了。

第3招：让孩子学会对自己的过失负责

如果女儿把你的口红当成了画笔，把墙壁画得一塌糊涂，你应该让她把墙壁擦干净。为了防止她把墙壁擦坏了，你可以在一旁监督和指导，让孩子在动手过程中感受到犯错的惩罚，同时也锻炼了孩子的动手能力。

第4招：给孩子时间，冷静对待孩子的错

在教育孩子的时候，应该给孩子足够的时间，应该放慢脚步，应该学会等待！面对孩子的过失，妈妈要冷静处理，给孩子一些温和的指导，相信孩子能改正错误。

学会管理自己的小情绪

生活中，有些女孩喜怒无常，有了高兴的事情，就乐得合不拢嘴，遇到了不开心的事情，就愁眉苦脸。这喜怒之间转化很快，而且有时候没有预兆，让做妈妈的感到莫名其妙并为女儿感到担心。其实，这是情绪控制能力差的表现，妈妈应引起重视。

众所周知，每个人都有喜怒哀乐等情绪，高兴时大笑，不高兴时大哭，这是一种正常的情绪表达，能有效地缓解内心的压力。每个女孩在成长的过程中都会遇到开心的和不开心的事情，产生不同的情绪，只有正确地掌控自己的情绪，才能保持淡定平和的心态，做一个情绪稳定的人。

自从嘉玉进入初中以来，整个人都变了，以前那个乖巧懂事的女儿不见了，只有一个脾气暴躁的"刁蛮公主"。她经常坐在房间里发呆，有什么事情也不愿意和妈妈说，问她什么事也是爱理不理。

有时候甚至不听父母的话，面对爸爸妈妈的批评和教育，她干脆一副不理人的态度，用力关起房门，通过摔打东西或故意游荡在外不回家的方式，来表示对父母的反抗。

而有时候，嘉玉又会显得特别高兴，哪怕是一件很小的事情都能让她哈哈大笑。她这样一哭一笑的，经常弄得爸爸妈妈莫名其妙。

妈妈了解女儿的这些变化，特意找了一些关于青春期方面的书籍来看，才知道这是女孩青春期的反映。嘉玉之所以变成这样，一方面是因为身体正在急剧发育，特别是性方面的发育和成熟，使她积蓄了大量的能量，容易过度兴奋；另一方面，学习上的任务很重，不得不面对激烈的竞争，心理压力普遍比较大。再者，随着年龄的增长，嘉玉渴望对外界有更多的了解，人际交往也逐渐增多，各种各样的信息纷至沓来，她要处理的问题越来越多、越来越复杂。这三方面的压力常常交织在一起，矛盾此起彼伏，她不像成年人那样善于控制或掩饰自己，常常喜怒皆形于色，便显得情绪忽高忽低，特别不稳定了。

因此，针对这些情况，妈妈对她进行大量的心理辅导，经常和她一起看书、聊天。渐渐地，女儿在我们的引导下，慢慢地学会了控制自己的情绪，不再喜怒无常，乱发脾气。

青春期是一个从幼稚走向成熟的过渡期，同时也会面临多种危机。不但要依靠学校、家庭共同疏导，更需要亲朋好友来关心、引导。因为女孩在成长的过程中会有很多烦恼，只有通过正确的疏导，让孩子做情绪的主人，才会使她正视所遇到的困扰，适当地宣泄心中的情绪，释放心底的压抑，从而以淡定的心态面对学习和生活。

育女真经

第 1 招：让女儿懂得乱发脾气会伤害别人

每个人都是平等的，你生气了冲别人发火，是一种伤害别人的行为，会影响自己在他人心目中的印象，影响自己的人际关系。让孩子明白胡乱发脾气的后果，令其自觉地控制自己的情绪，即使在遇到不开心的事情时，也要努力控制自己。

第 2 招：鼓励孩子表达内心的感受

妈妈应该告诉孩子不管是遇到开心的事情，还是伤心的事情，都应该勇敢地表达出来，因为表达是一种宣泄，就像水库泄洪一样，泄洪之后水库才不会决堤。妈妈应该和孩子沟通，倾听孩子的内心感受，使孩子的心情渐渐恢复平静。

第 3 招：教孩子通过深呼吸来放松

当孩子心情不好，想发脾气时，妈妈可以教她学会深呼吸或在心中默默数数。这时，不妨给孩子找一个舒服的座位坐下来，让她调整呼吸，把注意力集中在鼻孔周围，去体会吸气的感觉，想象一下气体进入身体后循环，再慢慢地呼出，体验呼出气体的温暖。多次进行深呼吸，孩子就会慢慢进入一个很放松的状态，使她的精力在短时间内得到恢复。

第 4 招：妈妈首先应控制好自己的情绪

妈妈在引导孩子时，应当尽量控制好自己的情绪，不要受到孩子起伏不定的情绪的影响。如果妈妈能够保持平和的心态，较好地控制自己的情绪，那么就能正面地引导孩子。

困难面前，没人替你坚强

人活在世上，每个人都免不了遇到困难。面对困难，有的人无法承受压力，而屈服环境，选择了放弃；有的人却能保持平常心态，直面困难，最终度过难关。妈妈应该把女儿教育成后者，使她在面对困难时，怀有一颗平常心。

在每个女孩的人生经历中，都不可能一帆风顺，总会遇到一些"事与愿违"的事情。因此，妈妈有必要培养孩子的平常心，使孩子在困难面前能够做到淡定从容。这是一种自信和成熟的表现，更是孩子难得的心态和品质。

100米比赛几天后就要举行了，在这个节骨眼上，8岁的乐心不小心摔折了胳膊。她想：胳臂摔伤了，怎么参加比赛呢？要知道，乐心跑步非常厉害，她不想错过这次比赛，但又感到力不从心，因此万分焦急。

妈妈理解女儿的心情，就给她讲了一个故事。故事是这样的：

有位先生在生活中遇到了困难，他怀着郁闷的心情，向禅师请教。禅师沉思了一会儿，对他说："我来给你讲个故事，你听了故事之后，就知道该怎么面对困难了。"

禅师说有三个旅客，一个正常人、一个盲人、一个聋子，他们来到一座悬崖边，想从铁索桥到对面去。桥下是水流湍急的山涧，浪涛汹涌，两岸的悬崖非常陡峭，让人看了心惊胆颤。

第一个从铁索桥上走过去的是盲人，第二个走过去的是聋子，第三个过去的是正常人，但他因为害怕从铁索桥上掉了下去。

事后，盲人说："我看不见任何东西，不知道山涧是什么样子，只管抓紧铁链，像平常一样地走了过来。"聋子说："我听不见水流的声音，恐惧感因此减少很多，只要注意不向下看，自然也就安全地走了过来。"

老禅师语重心长地对那位先生说："那个正常人为什么会掉下去呢？因为他没有平常心。而那个盲人和聋子为什么能过去呢？因为他们有一颗平常心啊！"

故事讲完了，女儿明白了妈妈想要说的，她的心情平静了很多，她说："妈妈。我知道该怎么做了，我不会担心比赛的，先静静地养伤，伤好了就参加比赛，伤没好就退出，没什么大不了的。"

听了女儿的一番话，妈妈高兴地将她搂进了怀里。

面对困难时，教会孩子以平常心面对，既不能被困难吓倒，也不能对困难视而不见；既要重视困难，也要积极想办法解决。如今，很多女孩娇生惯养，长期生活在父母的庇护下，一遇到困难就灰心丧气。因此，妈妈要及时发现孩子的不足，教育孩子用平常心面对困难，要学会坚强。

育女真经

第 1 招：告诉孩子哭泣对解决问题没有任何帮助

面对困难时，有些女孩会哭泣、会退缩，因为她们从小生活在父母的娇生惯养下，缺少受挫的经历，没有解决困难的经验。这时，妈妈不妨平静地告诉她："哭泣解决不了问题，只有思考才能找到方法。"让孩子意识到，在困难面前只有积极思考才行，悲观失望没有任何意义。

第 2 招：以信任和鼓励的态度引导孩子

当女儿遇到困难时，妈妈要相信孩子，鼓励她积极寻找方法克服困难。妈妈信任孩子，孩子才会相信自己。有了妈妈的鼓励，孩子才会努力奋进。谁都明白，一个运动员在场上比赛的时候，如果观众给他喝彩、呐喊，他会更加努力地拼搏。教育孩子面对困难也是如此，当孩子遇到困难解决不了时，妈妈切忌不管不问。这样做只会使孩子感到孤立无援，更加没信心。

第 3 招：让孩子学会安慰自己

在困难面前，首先应竭尽全力地想办法，如果经过努力依然克服不了困难，那也没必要固执下去，应该学会放弃。妈妈在这时应教育孩子，即使放弃，也不必充满沮丧，不妨给自己找个自我安慰的理由，使内心平静下来，等过几天再去解决，或许就会成功。

目光要长远，不要被眼前的挫折打倒

生活中，总是充满了突发事件，比如地震、火灾、强盗、劫匪等，成人遇到这种情况都有些慌张，更何况一个小女孩。因此，妈妈要有意识地向孩子灌输适时与危险做斗争的意识，教孩子冷静地化解危机。

千万不要觉得危险很遥远，其实它无处不在。当孩子不小心被撞伤、烫伤，或者被骗时，怎么办呢？或许很多孩子会哭着喊着说："我要回家，我要找爸爸妈妈。"可是，这样一点用都没有。那么，孩子该怎么做，才能脱离危险呢？请看下面这个故事：

有个6岁的小女孩被坏人拐走了，坏人想把她卖出去。可是，这个小女孩逢人就背诵爸爸妈妈的手机号码，让买主知道她随时都有可能逃回家，因此谁也不敢买她。后来，小女孩在路上向巡警做出了惊恐的表情，引起了巡警的注意。巡警把坏人送到派出所，小女孩安然无恙地回到了自己温暖的家。

在危险面前，我们首先应学会冷静，懂得与坏人作斗争，而不是哭泣求饶、绝望等待。故事中的小女孩做到了保持冷静，才让她想到了逃脱危险的办法。

这个故事启示妈妈们，对于女孩的案例并不是过渡的保护，保护并不是给她安全，而只会让她不懂自我保护。危险无处不在，你保护了一时却保护不了一世。不妨教孩子一些保护技能，在危险来临时，只有她能保护自己。

育女真经

第1招：让孩子记住父母的手机号、家庭住址

作为父母，一定让孩子记住家庭住址和手机号码。这样即使孩子遇到了坏人，也能抓住机会，向他人透露自己的信息，或给家人打电话，这样就增加了逃脱危险的机会。另外，假如孩子被警察救了出来，也方便他们把孩子送回家。

第2招：遇到有人勒索钱财

当遇到有人勒索钱财时，一定要记住生命安全最重要，不要逞强，钱是小事，要尽量避免自己受伤害。同时，要记住坏人的相貌，事后及时报警。如果父母有事不能在放学的时候来接孩子，应该提醒孩子与同学结伴而行。

第3招：经常给孩子讲与坏人作斗争的故事

孩子喜欢听故事，妈妈可以利用这点给孩子讲一些英雄和坏人作斗争的故事，平时还可以和孩子讨论一些动画片里的故事，比如阿童木、奥特曼等，再结合现实的问题，教孩子一些应对危险的技巧。

在竞争中合作，在合作中共赢

这是一个充满竞争的社会，孩子要有竞争意识，拥有积极面对竞争的心态。在失败后，还应该具备不因胜败而失态的平常心。这些妈妈都应该教给孩子，千万不能忽视。

在这个优胜劣汰、适者生存的社会，从小培养孩子的竞争意识，对孩子将来发展有重要意义。在当前这个独生子女居多的家庭，家长喜欢事事包办代替，孩子接受锻炼的机会很少，由此养成了唯我独尊、胆小怕事的个性，在竞争中很容易受到挫伤，不懂得想办法克服困难。因此，培养女孩的竞争意识和竞争心态十分重要。

5 岁的曼音参加故事大王比赛，顺利通过了预赛，还要参加决赛。在为决赛做准备的时候，她自编了一个《小鹿和小鱼》的故事，每天都会给妈妈讲几遍，练习一下。虽然她非常努力，但在决赛中还是没有如愿当上故事大王。

比赛那天，妈妈去幼儿园接曼音。她一见妈妈，就很不开心地发牢骚说："妈妈，我没当上故事大王，这两周我白练了……"妈妈对她说："没当上也很正常啊，怎么能说白练了呢？比赛最重要的是学习和收获经验，锻炼心态，而不只是为了结果。你已经很努力了，妈妈为你高兴。"

曼音有点不解地问："我学习到了啥呀？"妈妈对她说："你学会了自编故事，你学会了勇敢地站在那么多同学面前讲故事啊！"

曼音接着跟妈妈说："妈妈，希希和敏敏当上了故事大王了，希希讲的故事叫《皮皮放屁》，可好笑了，把大家都笑翻了……她说她每天都练到 11 点呢！她得了 30 票，我才得 10 票。为什么很多人不给我投票啊？"说到这里，曼音又开始伤心了。妈妈安慰地说："你可不是只有 10 票，是 14 票呀！爸爸妈妈、爷爷奶奶都给你投一票呢！"

曼音说："即使你们都给我投票，我也当不上故事大王啊。"妈妈又对她说:"即便你没当上故事大王也没关系啊,你依然是妈妈最爱的宝贝女儿。在妈妈心中,你就是故事大王。"

在这番安慰下,曼音终于笑了,不再抱怨比赛结果。

竞争是不可避免的,失败也是常有的事情。失败之后,有些孩子会沮丧、灰心甚至不吃不喝。对此,妈妈应该引起重视,千万不要泄气地说:"真没用,没有取得好成绩还有脸哭。"这样只会让孩子更加伤心。妈妈们应该向曼音的妈妈学习,给孩子安慰和鼓励,使孩子坦然面对失败,保持一颗淡定平常的心。

育女真经

第1招:让孩子明白参赛目的

生活中,不少女孩被妈妈拉到各种比赛场,自己却不清楚在台上表现是为了什么。而有些妈妈让孩子盲目参加,只是不想错过机会。

让孩子多参加比赛,对孩子有很多好处,因为比赛可以传达竞争观念。但妈妈应该明白,让孩子多参加比赛不是为了追求名次,而是让孩子学会利用比赛提高自己的能力,锻炼自己的心态。

第2招:利用比赛调动积极性

比赛能制造一种特殊的氛围,在这个过程中,孩子的心理承受能力、理解问题的能力、自我表达的能力以及与人交往的能力都会得到提高。除此之外,还可以帮孩子改掉磨蹭的坏习惯,因为比赛可以调动孩子的积极性,孩子做事积极了,自然小磨蹭就不见。

第3招:分析、鼓励胜于比赛结果

参加大型比赛后的总结,远比比赛本身有意义。对于比赛的结果,妈妈要多鼓励孩子,少批评孩子,尽量用积极的、正面的言语来进行总结。比如说,孩子在赛跑中得了最后一名,妈妈应该告诉孩子:"宝贝,你能跑完比赛,就值得表扬。妈妈看到你尽全力了,妈妈为你骄傲。"这样评价孩子,有助于孩子保持心态平静,保持自信,对培养孩子的平常心很有帮助。

第4招:对于比赛,应重在参与

想让孩子从容不迫地面对竞争,妈妈就不应该太强调比赛结果,不要拿自己孩子的失误和其他孩子的成功做比较。否则，孩子只会觉得自己不如别人，心态更加不平静，更没有信心。

别让嫉妒心理害了你

嫉妒是很多女孩身上都有的小毛病，这是一种消极的情绪和行为。当发生在幼小的孩子身上时，只要妈妈引导得当，就能将消极的作用转变为积极的作用。因为嫉妒可以帮助孩子认识自己，尝试自己的限度，学习协商的技巧。

女孩子的嫉妒心比较强，其实是有一定根据的，因为女孩子大多比较感性，把得失看得很重要。从学习到生活，从服饰到朋友，甚至在各种公共场合，由于差距的产生，自然会产生嫉妒心理。我们经常会看到像下面这样的情形。

芳芳和媛媛在幼儿园是一对好朋友，平时总喜欢在一起玩。一次在积木课上，芳芳用五颜六色的积木搭了一个漂亮的花篮，而且搭得又快又好。媛媛却怎么也搭不好，急得直踩脚。当老师表扬芳芳搭得又快又好的时候，媛媛很生气，索性把两个人的积木全都推翻了，不服气地说："我搭不好，你也别想搭好。"

芳春和小雨是邻居，芳春的妈妈请小雨到家里玩。两个孩子在玩五子棋的时候，小雨胜利了，芳春的妈妈就给小雨一大袋糖果作为礼物。芳春看到自己喜欢吃的糖果送给了别人，就开始又哭又闹，不让妈妈把糖果送给小雨。

在生活中，像媛媛和芳春这样具有嫉妒心理的女孩几乎是被家人宠出来的。她们不允许别人比自己做得好，也不愿听夸奖别人的话。当她们看到别人拥有的比自己要多，能力比自己要强时，心里就会不好受。她们会产生一种不可预料的冲动，不由自主地去说朋友的坏话，这样嫉妒心理就产生了。

嫉妒别人无疑是在折磨自己，别人不会因为你的嫉妒就停下进步的脚步。妈妈应该告诉孩子："与其嫉妒别人，不如赞赏别人，积极努力去追赶别人。如果你觉得别人比你强，那你就虚心地向她学习，然后想办法赶上她、超过她。"让孩子意识到，嫉妒之心太强烈，是不成熟的表现，嫉妒是因为没有一颗平常心。想让孩子拥有平常的心态，妈妈就应该认真地引导孩子走出嫉妒的阴影。

育女真经

第1招：注意女儿的暗示，并表示同情理解

女孩控制情绪的能力不强，只要妈妈稍微观察一下，就能发现孩子的情绪变化。当女孩妒嫉心理爆发时，她们的行为也会表现出一些变化，比如搞破坏、哭泣或者说一些妒嫉对象的坏话等，有时候还表现得情绪低落、难过、焦躁或没干劲。这时候，妈妈应该对孩子表示同情和理解，并引导孩子把想法说出来。有时，孩子最需要的不是满足，而是妈妈的理解。

第2招：不要向孩子过分强调负面的东西

当你发现孩子嫉妒时，应该表示同情和理解，但不要过多强调孩子的立场，更不要指责受到妒嫉的对象，否则孩子的嫉妒情绪会越来越强烈，还会导致孩子养成说别人坏话的习惯。假如你女儿的朋友周末邀请了几个小朋友去她家玩，但没有邀请你女儿，这时候你决不能指责那个朋友"不够意思"，而应该告诉女儿：妈妈理解你的委屈，但你别难过，你的朋友可能不小心忘了。这样孩子就会理解不是因为自己不受欢迎而没被邀请，心情就会很快平静下来。

第3招：帮助孩子发现自己的长处

如果孩子看不到自己的优点和长处，就容易产生自卑，这种自卑感容易刺激她产生嫉妒心理。因此，妈妈必须帮助女儿建立自信，让她知道自己也有优点，也有骄傲的资本。专家曾说过，当孩子为自己感到骄傲时，她就更容易接受别人在某方面得到比自己更多的关注。

第十章

把时间当朋友，不要输给了时间管理

　　人们常说："快鱼吃慢鱼，效率就是生命。"做任何事情都应该注重效率，不应该拖拖拉拉。在保证效率的同时，注重质量，才能把事情办得近乎完美。如今是个竞争激烈的社会，妈妈应该给女孩灌输时间观念、效率观念，把她培养成一个办事利索的高效女孩。

与"拖延症"说再见

明日复明日，明日何其多。有拖延习惯的女孩总是把希望寄托在明天，明天过后又有明天。这样下去，明天就成了她的借口，而事情依然难以取得进展。作为妈妈，应该帮助孩子纠正这种坏习惯，培养孩子的时间观念和效率观念，使孩子懂得今天的事情今天做。

女孩性格温柔，做事不似男孩一般雷厉风行，妈妈要注意培养女孩的时间观念和效率观念。如果一个女孩子形成这一良好习惯，无论是在学习、生活上，还是在工作上，她都能有效地利用时间，提高效率，做出比别人出色的成绩。相反，一个做事拖拉的女孩，往往取得的办事效果不尽人意。

邢女士的女儿乐悦上小学五年级了，可做事不紧不慢的，起床要半小时，吃饭要半小时，上个厕所还要半小时，别人不催，她更不着急。尽管邢女士一直督促她"快一点，快一点"，但仍起不到效果。有时，邢女士对女儿发火，女儿都无动于衷。邢女士曾劝过乐悦，也训斥过她，她当时改了，但过不了几天老毛病又犯了。

星期六的晚上，乐悦说作业不多，要看会电视，邢女士和丈夫就同意了。结果，一直看到10点她才开始写作业，做了40分钟只做了两道题，然后又说太困了，剩下的四道题想明天早晨再做。邢女士只好随她。

第二天早上，乐悦6点多钟起床，只做了10分钟的作业，又上床睡了。邢女士检查了女儿的作业，发现那4道题根本没做。于是，吃饭时邢女士再次对她进行劝导和说教。可是，女儿却一脸的不耐烦，趁邢女士和丈夫不注意，竟偷偷地跑出去玩了。

女儿的这种拖延现象还不止一次。每到周末，老师留的家庭作业，她都必定要等到周日的晚上才开始搞突击，有时写不完就把填空题和选择题都留着，等周一上午上课前，找同学抄一遍。每天的作业。她基本上都要做到很晚，甚至第二天早晨起来还得补做，才能完成。

邢女士和丈夫为了帮她改正这个习惯，开始给她定了一个不成文的规矩：每天的作业必须当天完成，否则不准看电视，不准睡觉；帮父母买东西超过了规定的时间，"功劳"减半……在这种严厉的措施下，女儿拖延的毛病才得到了一定程度的控制。

做事拖拉是很多女孩的毛病，无论是做作业还是做家务，她们都喜欢做了一半就放下。比如，作业写了一半，就去看电视；日记落下好几天，想起来再去补写；房间没有整理完，就去找伙伴玩了等。这些都是拖延的表现，一方面这与她们的自控能力较差有关，另一方面也与父母的放任有关。假如父母在发现孩子做事拖拉时应及时给予警告和督促，那么孩子就不容易养成拖拉的毛病。

育女真经

第1招：激发女儿高效率做事的欲望

如果女儿做事拖拉，妈妈可以用比谁做得快的方式来激发她高效率做事的欲望：无论做什么事都要比比谁快，快者有奖，慢者受罚。妈妈在此时既要扮演竞赛者的角色，又要扮演裁判。为了激励女儿的信心，妈妈可以在开始时让着女儿，但又尽量不要让她看出来，否则效果就会大打折扣。

第2招：拒绝孩子的任何借口

有的女孩不愿意立即完成作业，她们的理由是："我们同学都是边看电视边做的""老师说下个星期再交，所以不用急着做""作业本没有带回家""自己都懂，不用做""写日记没有用，自己将来又不想当作家"等。无论女孩找什么样的借口，妈妈都不能纵容她，而应该要求孩子先把作业做完，才能做其他的事情。

第3招：给孩子约定时间

如果你估计女儿能在半小时内完成作业，不妨要求她在25分钟内完成，这样可以给孩子制造一定的压力，使孩子没办法纵容自己偷懒。等过了25分钟孩子没有完成作业时，再适当给孩子加一些时间。如果孩子依然无法完成作业，而且不是因为作业太难的原因，妈妈不妨给孩子一定的惩罚，比如，让她打扫家里的卫生。

第4招：面对拖延要有妙招

对待女孩磨蹭的习惯，父母一定要用耐心和爱心帮助她逐步改正，不要操之过急。要注意总结方式与方法，不断提高她的效率。

做任何事要学会巧用方法

学会巧干，而不要蛮干。巧干是指找到合适的方法，蛮干是指埋头苦干，前者往往能收到事半功倍的效果，后者往往是事倍功半。培养孩子巧干的精神，让孩子学会有效率地做事，对孩子的一生都有重要的意义。

在培养孩子做事方法，追求办事效率的时候，下面这则故事，妈妈很有必要讲给女儿听，这就是著名的数学家高斯的故事。

德国数学家高斯，小时候在爸爸的教育下，养成了独立思考问题的习惯。

小高斯10岁时，有一次他的数学老师让他们全班解答一道习题：计算出"$1+2+3+4……+100=?$"的答案。当时很多学生不会算，要算出那么长的算术题真的很费时间。很多孩子都在那里拼命地算，可是小高斯却没有急于动手，他在思考最简便的方法。

老师看见小高斯坐在那里发呆，走上前来问他怎么了，为何还不开始计算。小高斯说他已经知道答案了，是5050。老师十分诧异，问他是不是以前做过这道题。小高斯告诉老师，通过观察，他发现这一组数字中1加100等于101、2加99等于101……这样的等式一共有50个，因此这道题可以简化为"$101×50=5050$"。

"真是太精彩了！"老师情不自禁地赞扬高斯。

高斯为什么那么快就把那道复杂的题目算出来了呢？因为他懂得思考，懂得找方法，很巧妙地将题目解出来了。其他学生不懂得找方法，埋头计算，结果要算很长时间才得到结果。这就是巧干与蛮干的差别。

育女真经

第1招：教孩子养成做笔记并事后整理笔记的习惯

俗话说，好记性不如烂笔头。记笔记看似浪费时间，实际上对于巩固知识、复习功课，有很大的帮助。有些孩子不愿意做笔记，听完课之后，很快就忘了。相反，懂得做笔记的孩子，能够把握住课堂内容的重点，在课后及时复习巩固，这样就能提高学习效率。此外，在整理笔记的过程中，也可以锻炼孩子分析、归纳的能力，一举多得。

第2招：培养孩子课后复习的习惯

孔子曾说："温故而知新，可以为师矣。"刚学的知识很容易忘记，复习就是为了避免忘掉，巩固记忆。虽然复习会花一点时间，但是对牢记知识非常有帮助，及时复习能很好地巩固记忆，可以起到事半功倍的学习效果。因此，妈妈要培养女儿课后复习的习惯。

第3招：告诉孩子做事的顺序很重要

在打扫卫生的时候，妈妈可以问女儿："是先整理家具再扫地，还是先扫地再整理家具呢？"如果女儿回答先扫地再整理家具，那么妈妈不妨和孩子这样做。在实践中，孩子会发现她的这个方法有很大的弊端，那就是刚扫好的地，会因为整理家具而弄脏，结果还要扫一次地。然后，妈妈再告诉女儿："如果先整理家具，再扫地，就能避免这个问题了，效率就更高了。"让孩子懂得做事的顺序不同，会产生不同的效果。

在有效的时间内做更多的事

贪多求全，总想一心二用，一时间做两件甚至三件事情，这样往往一件事情也做不好。为了让女孩养成办事高效的习惯，妈妈应该培养孩子在某一时间内做好一件事的能力。使孩子养成专注的习惯，这是高效办事的重要途径。

相信很多家长都给女儿讲过《小猫钓鱼》的故事，这个小故事揭示的道理是做事不能三心二意，否则将一事无成。生活中，很多女孩就像故事里的小猫一样，一会儿钓鱼，一会儿捉蜻蜓，一会儿抓蝴蝶，最后一条鱼都没钓到。针对孩子这种三心二意的习惯，妈妈应该引起重视，教孩子一次只做一件事，让孩子养成高效办事的习惯。

5岁的慧美爱听有关动物的故事，爸爸妈妈总是认真地给她讲这方面的故事，并且将一些做事的道理寓于故事之中，让孩子去领悟。

有一次，妈妈给女儿慧美讲到动物专注的故事，说狮子去喝水时，它们会一直走向水塘，就算中途碰到猎物，它们也不会去追捕；猴子在摘野果时，只是摘果子，中途不会去喝水；大象洗澡时，不管多远，同样会直奔水源，中途不会突然改变主意干别的事。这种快乐来自于它们的单一性。

妈妈告诉慧美，驯兽师在训练猴子或大象的时候，一次只让它们做一个动作，即让它们的脑海里只决定一件事，否则动物们再聪明也学不会复杂的动作。而且，它们的大脑神经也会拒绝一次决定两件以上的事情，这是它们的本能。

讲了动物的故事后，妈妈对慧美说："一次只做一件事，并努力做好，这叫专注，只有专注地做事，才能保证效率，才能尽快地把其做好。如果三心二意，做做这件事，又做做那件事，表面上看做了很多事，但实际上一件事也没有做好。"慧美从中懂得了高效率源于专注做事的道理。

动物们一次只做一件事，看似呆板，不知变通，实则是为了追求高效率。另外，简单做事是快乐之本。妈妈应该教女儿养成一次只做一件事的习惯，该做作业的时候专心做作业，该放松的时候尽情放松，这样做才能事半功倍。

育女真经

第1招：每次延长一点点

给孩子讲故事，看孩子能够集中注意力多久，然后记录下来，下一次讲故事时延长一两分钟，如果孩子不愿意听，试着给孩子一点小奖励，等这种情况稳定后，妈妈再接着适当延长讲故事的时间。

第2招：孩子游戏的时候，请勿打扰

女孩正在专注地玩耍和游戏时，正是训练她专注力的好机会。妈妈要尊重孩子，不要轻易打断她，例如孩子玩沙、玩水、玩土通常很专注，大人只要在旁边保证孩子必要的安全就行，让女儿玩个够，慢慢地孩子就容易养成耐心专注的习惯。

第 3 招：给孩子适当的玩具

玩具并不是越多越好，玩具过多，孩子反而不知道玩哪个，容易产生视觉混乱，不利于孩子确认自己喜欢的目标。因此，孩子就会摸摸这个玩具，摸摸那个玩具，对每个玩具的兴趣都不能持续很长的时间。如果妈妈给孩子的玩具有限，而且孩子不玩的时候，妈妈就把玩具藏起来，过一段时间再拿出来，那么孩子就会更加珍惜这个玩具。

第 4 招：妈妈要说话算数，女孩才会专注学习

女孩子学习的时候不专心、想玩，妈妈常对她说："你把作业做完了，就让你玩。"可是，等女儿把作业做完了时，妈妈又让孩子练字、画画，很容易让孩子产生排斥感，导致以后也不会认真做作业了。因此，妈妈应该讲信用，说话算数，只要女儿做完作业了，就应该让孩子尽兴地去玩。孩子玩得开心，做作业的时候，才会更专心，因为他们知道专心做完作业，就可以自由自在地玩了。

第 5 招：集中精力只做一件事

一次只做一件事，就意味着集中精力做事，这样就不会轻易被其他事情影响。反之，如果孩子经常更换目标，见异思迁或四面出击，往往不会有效率。目标定了很多，什么都想做，往往什么都没有做好。妈妈可以告诉女孩："我们不可能同一时间把所有的事情做好，但是我们一定可以把其中的一件事做好。"

做好规划，合理安排时间

凡事预则立，不预则废。这是在强调计划的重要性。每个女孩每天都有 24 小时，这是很公平的，但会利用时间的女孩，学习会更轻松、效果会更好，活得更充实。想要做到这一点，就离不开做计划，有效地利

用时间。

英国哲学家、政治家培根曾经说过："合理安排时间，就等于节约时间。"每年、每月、每日都要有计划。在学习之前，要让孩子想好先学什么、再学什么、用多长时间，如果把这些都计划好，那么学习的效率就会提高。

有一个小女孩，非常希望能取得好成绩，虽然她很努力，但成绩却总是不如意。有一天，她把自己的苦闷告诉了妈妈："为什么我不能取得好成绩呢？难道是我学习不认真吗？"

妈妈笑着说："也许事情并没有你想象的那么可怕，你不是很努力吗？你完全可以再从头开始！"

"什么？能再说明白点吗？"小女孩有些疑惑。

"是的，你应该把你每周要学习的重点写在一张纸上，同时把时间安排好，然后坚定地按照计划去做。"妈妈建议道。

"你的意思是让我做计划，几点到几点学习语文，几点到几点学习数学……是这样吗？"孩子有些纳闷。

"是的，你现在最需要的就是制定计划并按计划去学习。"妈妈坚定地说道。

"事实上，这些事情我早就想做了，但是一直没有做。也许你说的是对的。"孩子喃喃自语道。后来，她按妈妈的建议每周做一次学习计划。3个月后，她的成绩真的有了很大的进步。

每个妈妈都希望自己的女儿做事有效率，这就要求孩子具备做计划的习惯。对于年幼的女孩来说，她们无法独立制定学习计划，需要妈妈的指导和帮助。

妈妈还可以和女儿共同商讨，结合每学期的情况和个人学习情况制定出学习计划。制定学习计划要充分结合孩子的个人特点，制订计划也有遵循必要的原则。首先，要按照个人的实际情况来制定，这个计划是自己需要的也是能够完成的。其次，要有明确的时间安排。最后，目标要明确、适度。

下面是一位女孩的学习计划：

第一，这周重点攻克英语，做完家庭作业后，剩下的时间都用于英语学习。

第二，课外英语学习分成三个方面：一是每天至少熟记 20 个英语单词，读一篇浅显的英语故事；二是练习听力 30 分钟，做两篇阅读理解；三是参加学校英语角活动，积极主动用英语与人交流，提高口语能力。

这个计划有三个优点：

第一，针对性强。计划中，女孩把目标指向英语，于是她把课外时间都用来学习英语。

第二，时间安排具体。每件事要花多少时间，都做了具体的安排。

第三，目标明确。学英语，主要是熟记单词，每天 20 个单词；全面提高听说读写能力。

由此可见，每周学习计划的关键在于切实可行，要符合孩子的实际情况。这个问题抓准了，努力照着计划去做，一段时间下来，必定有较大的进步。

育女真经

第 1 招：计划的内容要便于女孩做到

在指导孩子制定计划时，妈妈要告诉孩子，计划要便于操作。因为如果计划太难实现，孩子的自信心会受到打击，实行了几天依然达不到，孩子就很容易放弃。这样一来，计划也就失去了意义。因此，计划应该是孩子能够做到的。

第 2 招：妈妈要做好监督工作

制定计划后，最关键的是执行，再好的计划如果没有执行，也是空谈。假期里，有些家长和孩子一起制定出科学有效的学习计划，并有目的地监督孩子在规定的时间完成制定目标，这样做孩子的计划就会执行得很好，而且很有效果。

第3招：计划也要划分轻重缓急

没有计划，孩子就会盲目地做事，对于先做什么、后做什么，他们往往是随心所欲。这样很难把事情办得干净利索。只有懂得做计划，按照计划按部就班地做事，才能把事情做得又快又好。

合理利用碎片式时间

著名科学家爱因斯坦曾说过："人的差异在业余时间。"孩子们在学校的时间相等，环境相同，学习、活动、机遇一样，难以形成大的差异。但在业余时间内，情况就不同了，懂得利用业余时间的孩子，就更容易提高学习成绩。

"事情就怕加起来。"这是一句古老的谚语，它可以让我们意识到"时间也怕加起来"。看似不起眼的零碎时间，如果孩子能够充分利用，长此以往，他们就能将时间化零为整。这对提高孩子的学习成绩，增加孩子的知识积累有很大的帮助。

在高考中取得了603分的好成绩的刘雅婷说，要想学习效率高，可以试着在两项计划之间给自己设定一些弹性时间，可以适当休息、看报，也可以继续完成其他的计划。

谈到具体的计划，刘雅婷说她习惯于把空隙、零碎的时间利用起来。比如，早上一起床便可播放英文听力，她完全不必专注地去听，只当是"熏耳朵"。口袋里经常装一个小本子，上面记着单词以及要提醒自己注意的问题，利用饭前等候的时间翻翻看。在一次次不知不觉的重复中，就把这些单词和问题记住了。

与刘雅婷相似，张文静同学也有这样的学习习惯。她坚持用零散的时间记忆零散的知识。零散的知识主要是英语单词和语法，语文的语音、词语、标点、熟语等基础知识。用小本子将这些零碎的知识写在小纸片上，随身携带，在零散的时间记忆非常有效。

很多孩子不重视零碎时间，他们认为没什么用处。其实，这些时间看似很少，但集腋成裘，把多个几分几秒的时间汇合起来，就可以做很多事情。

在日常生活中，你的孩子有许多零星、片断的时间，如车站候车的三五分钟、饭前等待的两三分钟。如果能让孩子珍惜这些零碎的时间，合理地安排到自己的学习中，积少成多，就会成为一个惊人的数字。

古往今来，许多有成就的学问家都善于利用零碎时间。然而，只懂得珍惜零碎时间，并不意味孩子能够合理运用零碎时间。身为父母，既要让孩子注重利用零碎时间，还应教会孩子科学运用零碎时间。

育女真经

第1招：教孩子利用好乘车的时间

孩子上下学的时候，如果乘坐公交车，即便只坐半个小时，这个时间也可以利用起来。比如，让孩子戴上耳机听英语，还可以让孩子听自己感兴趣的有声材料，比如听故事、听名人演讲。这也不失为一种有效的学习途径。

第2招：教孩子利用空闲时间

在家里摆放几本孩子爱看的书，孩子没事玩耍的时候，她就会很自然地随手翻阅。如果孩子对这些书感兴趣，那么孩子就会爱上它们。等孩子把那些书看完了，妈妈再购买一些孩子喜欢的书回来，摆放在家里的客厅、孩子的卧室等孩子随手可及的地方。通过这种方式，可以无形中培养孩子的阅读习惯。

第3招：时间有限，但可以扩大时间

利用零碎时间，看似是一件不起眼的小事，却蕴含很多奥妙。妈妈有必要把这里面的学问告诉女孩，让孩子明白时间是有限的，但只要懂得运用时间，就能在有限的时间内做更多的事情。

做事有顺序，分清轻重缓急

对于生活中的很多事情，妈妈都可以教孩子按照重要性和紧急性的不同组合来确定先后顺序。先集中时间做重要的或紧急的事情，再把剩余的时间用来处理杂事，这样就不会出现忙乱的状况了。

当代管理学之父彼得·杜拉克曾经说过："必须分清轻重缓急。最糟糕的是什么事都做，但都只做一点，这必将一事无成。"对于女孩来说，既要在知识的海洋里吸取营养，也要在生活的世界里接受锻炼。但是，她们的时间是有限的，因此想要让孩子学得轻松、玩得自在，就要教会她们做好时间管理。

《顽皮豹》是8岁的芳春最爱看的卡通节目，对她来说，看《顽皮豹》是生活中最重要的事情。每天晚上6：30，她都会放下作业，准时坐在电视机前，目不转睛地直盯着屏幕，沉浸在剧情中，她经常随着剧情的变化嬉笑或唉声叹气。经常因为这样而耽误了写作业的时间，导致每次都要熬到10点钟才把作业做好，这样对身体很不好。

芳春还有一个坏习惯，那就是懒床。每天早上，她起床的速度、穿衣的速度、洗漱的速度慢得惊人。妈妈看到女儿这么没有时间观念，做事的效率这么低，心中甚是着急，于是想了一个办法：

因为《顽皮豹》这个节目每天早上6：30重播，妈妈便对芳春说："做作业、学习是最重要的事情，这件事情不能拖拖拉拉，不然会影响你的学习效果，而看卡通片则相对次要一点，可以推迟，以后每天下午放学回家，你首先要做作业，昨晚作业玩一会儿就睡觉，早睡早起，好不好呀？"

芳春怎么可能同意呢？她急忙说："那我没有有时间看电视了啊？"

妈妈说："你放心，据我所知，每天早上6：30的时候，你喜爱的节目都会重播，你就六点半之前起床看那个节目，看完之大概是7：15，你再洗漱、吃饭，然后上学，你看怎么样？"

芳春高兴得手舞足蹈，她还开玩笑地说："妈妈，那到时候你早上就不用因为叫我起床而发火了。可是妈妈，看完卡通片还要换衣服、梳洗，怎么来得及呢？"

妈妈想了一下，说："头天晚上，你可以把书包先整理好，要换的校服就放在电视机前面，你一起床就可以在电视机前面，一边欣赏节目，一边换衣服。"

从此以后，芳春起床再也不用妈妈催了，她的作业也能每天按时完成，不会拖到第二天早上补。

教女孩学会分清事情的轻重缓急，并不是说只让她做最重要的一件事，完全忽略其他的事情，而是要分辨出当时最重要、最紧急的事情，并坚决把它做好，然后再做其他的事情。或者说，先把必须做的事情做好，再做自己喜欢做的事情。这是时间管理和提高做事效率的精髓所在。

育女真经

第 1 招：教孩子学会给事情排顺序

妈妈可以教孩子对要做的事情排好优先次序，并按照这个次序来做。要设定一个优先次序，可以用"轻重缓急"的标准分为四类：紧急且重要的事情，紧急但不太重要的事情，重要但不是很紧急的事情，不重要也不紧急的事情。这样一来，便可把手上的事情排序开来，一件一件去完成，更高效、更快乐。

第 2 招：让孩子学会运用二八法则

怎样分清轻重缓急？意大利经济学家提出了一个著名的二八法则，即在日常生活中，20%的事情是很重要的，要用80%的时间去完成，因为这20%的事情决定了一个人80%的成就。因此，妈妈应该教女儿辨别哪些是重要的事情，再用80%的时间去做这些事情，把剩下的20%的时间用于做其他不重要的事情。

第 3 招：复杂可和简单化

生活中，妈妈可以引导孩子，教孩子把复杂的事情分类，归纳出事情的紧急程度，然后再一一地解决，多试几次，孩子就能轻松地面对各种复杂的事情了。

不要催，孩子才会有效率

为了提高做事效率而一味催促孩子"快点、快点"，往往很容易导致孩子形成焦躁的心理，做事没耐心，因为急于求成而导致慌乱，最后事情越做越糟糕。想要避免这种状况的出现，妈妈应该让孩子懂得"欲速则不达"的道理。

每个妈妈都希望孩子做事有效率，把事做得既快又好。可是，女孩是很难达到的。生活中，我们或多或少忙出乱子，因为急于求成，导致出现失误和差错。这就提醒我们，在教育孩子学会办事利索的同时，还要告诉孩子欲速则不达的道理，使孩子变得更加稳重、成熟。而且只有保证事情尽可能少地出差错，才能保证高效，这才是"快"的根本目的。

有一个女孩很喜欢研究生物，很想知道蛹是如何破茧成蝶的。有一次，她在草丛中发现一只蛹，便取了回家，每天都专心地观察着。几天以后，她发现蛹上有一条裂痕，里面的蝴蝶开始挣扎，想抓破蛹壳飞出。

小女孩兴奋极了，她目不转睛地盯着蛹。但看了几个小时，蝴蝶仍然没有破茧而出。看着蝴蝶在蛹里辛苦地挣扎，小女孩有些不忍，想要帮帮它。于是，她拿起剪刀，将蛹剪开，蝴蝶便破蛹而出。

然而，令她没有想到的是，蝴蝶挣脱蛹以后，因为翅膀还太过稚嫩，根本没有飞翔的本领。更严重的是，几分钟之后，蝴蝶痛苦地死去。

看到这一幕，小女孩痛苦极了，她的内心充满了自责。妈妈得知这件事情后，给她讲了，安慰她不要难过，还给她讲了个故事：

有个旅客抱着一大叠书，匆匆忙忙地进了火车站。可能是他的车快要出发了，所以他显得很慌张，而且他还没有找到自己车次的检票口，于是他就问身旁的一位清洁工："师傅，请问××车次的检票口在哪儿啊？我只有5分钟的时间了，请问我能赶上吗？"

清洁工告诉了他检票口，并说："如果你慢慢来，还赶得上那趟车。如果你急忙赶，就赶不上那趟车了。"这个旅客听了有些生气，认为清洁工在戏弄自己。但因为时间紧迫，他没时间想这个。只见他顺着清洁工所指的方向快步走过去，没想到这个时候意外发生了：捆书的绳子断了，一大叠书洒落一地。等他到把书再次捆好，车已经开走了。

故事讲完后，妈妈对女儿说："孩子，我们做事需要讲求效率，可是有时候，我们还要有耐心、沉得住气，因为如果没耐心、沉不住气，就会犯你那样的错误，或者犯那位旅客的错误，因为急忙而急出了乱子。"女儿点了点头。

欲速则不达，如果在思维过程中，女孩对某一结果的欲望过于强烈，其后果必然是事与愿违。面对问题时不紧不慢、磨磨蹭蹭，显然无法高效地把事情做好。但是，如果过于急躁、太想求成，也容易适得其反。

育女真经

第1招：对孩子不要要求太高、急于求成

在这个充满功利心的社会里，很多父母也对孩子有了很多功利心，他们把希望寄托在孩子身上，对孩子提出了过高的要求，对孩子没有太多的耐心，让孩子喘不过气来，使孩子变得急躁，做事太重结果。所以，好妈妈应该让女孩懂得做事不能急于求成。

第2招：让孩子明白高效＝做事速度＋做事有效果

做事高效离不开两个条件：一个是做事的速度，即用时短；另一个是做事的效果，即最终的结果怎么样。以孩子考试来作说明，考试有速度，但是没有好的结果，这样的效率根本称不上高效，这不是孩子需要的"高效"。真正的高效首先应该保证做事的质量，其次才是做事的速度。比如，考试的时候，孩子首先要认认真真不急不躁地完成每一题。在这个前提下，在不失误的情况下尽可能提高答题速度，最终孩子考的成绩不错。这才是孩子需要的高效。

第3招：效率固然重要，但也不要失去质量

妈妈在教育孩子提高做事速度的同时，千万不要忘了提醒孩子注重做事的质量，不要让孩子陷入"欲速则不达"的低效做事的泥潭。否则，看似高效，实则没有任何意义。